Cozinhando em família

NATÁLIA WERUTSKY

Cozinhando em família

FOTOS DE
ISADORA MIRA

Copyright © 2016 Natália Werutsky
Copyright desta edição © 2016 Alaúde Editorial Ltda.

Todos os direitos reservados. Nenhuma parte desta edição pode ser utilizada ou reproduzida – em qualquer meio ou forma, seja mecânico ou eletrônico –, nem apropriada ou estocada em sistema de banco de dados sem a expressa autorização da editora.

Este livro é uma obra de consulta e esclarecimento. As informações aqui contidas têm o objetivo de complementar, e não substituir, os tratamentos ou cuidados médicos. Os benefícios para a saúde de uma dieta baseada em frutas, verduras, legumes e sementes são reconhecidos pela medicina, mas o uso das informações contidas neste livro é de inteira responsabilidade do leitor. Elas não devem ser usadas para tratar doenças graves ou solucionar problemas de saúde sem a prévia consulta a um médico ou a um nutricionista. Uma vez que mudar hábitos alimentares envolve certos riscos, nem o autor nem a editora podem ser responsabilizados por quaisquer efeitos adversos ou consequências da aplicação do conteúdo deste livro sem orientação profissional.

O texto deste livro foi fixado conforme o acordo ortográfico vigente no Brasil desde 1º de janeiro de 2009.

Coordenação editorial: Bia Nunes de Sousa
Preparação: Katia Cardoso
Revisão: Claudia Vilas Gomes
Foto da capa e da página 8: Estúdio Gastronômico
Fotos de quarta capa e de miolo: Isadora Mira (fotógrafa) e Caroline Nunes, Felipe Nascimento e Nathaly Oliveira (assistentes)
Capa e projeto gráfico: Rodrigo Frazão
Impressão e acabamento: EGB – Editora Gráfica Bernardi

1ª edição, 2016
Impresso no Brasil

Dados Internacionais de Catalogação na Publicação (CIP)
(Câmara Brasileira do Livro, SP, Brasil)

Werutsky, Natalia
Cozinhando em família / Natalia Werutsky; fotos de Isadora Mira. -- São Paulo: Alaúde Editorial, 2016.

ISBN 978-85-7881-371-0

1. Alimentação 2. Alimentos 3. Dietas 4. Gastronomia 5. Hábitos alimentares 6. Nutrição 7. Receitas 8. Saúde - Promoção I. Título.

16-06078 CDD-613.2

Índices para catálogo sistemático:
1. Alimentação e saúde: Gastronomia funcional: Nutrição aplicada 613.2

2016
Alaúde Editorial Ltda.
Avenida Paulista, 1337, conjunto 11
Bela Vista, São Paulo, SP, 01311-200
Tel.: (11) 5572-9474
www.alaude.com.br

Dedico este livro à minha querida e amada família, que sempre esteve ao meu lado, me dando apoio, me incentivando, sustentando e me inspirando.

Sumário

Apresentação *9*
Introdução *11*
Dietas especiais *17*

Café da manhã *23*
Almoço *53*
Jantar *73*
Lanche de sábado *93*
Almoço de domingo *107*
Ocasiões especiais *129*
Receitas básicas *159*

Agradecimentos *181*
Índice *182*

Apresentação

Muitos clientes e pacientes me perguntam por que, como e quando me tornei vegetariana. Bom, essa é uma longa história...

Desde pequena, sempre comi de tudo e nunca tive problema algum, mas quando completei 20 anos essa realidade começou a mudar. Passei a ter quadros frequentes de desconfortos estomacais e intestinais, enjoos, náuseas e mal-estar. Com o tempo consegui associar a ingestão de alguns ingredientes a essas intercorrências, e percebi que quando comia gordura animal, laticínios, carnes e frango sentia todos os sintomas descritos acima. Logo mais, comer esses alimentos deixou de ser um prazer. Passei a rejeitar seus sabores, texturas e cheiros. Mantive o consumo de peixes e frutos do mar, mas com o tempo eles também deixaram de fazer parte do meu cardápio.

Sempre gostei muito de legumes, verduras, grãos, cereais, leguminosas, raízes, castanhas e sementes. Aos poucos minha dieta foi sendo tomada apenas por esses produtos de origem vegetal, o que me deixava muito feliz e satisfeita.

Após dois anos de investigação e consultas médicas, descobri em 2003 que era portadora de hepatite C. Convivi com a doença por alguns anos, me cuidando apenas com alimentação adequada. Em 2008 o médico me indicou um tratamento. Foi um processo bem difícil, mas valeu a pena: em apenas um ano eu estava curada (toda a trajetória está no meu livro *Hepatite C: Eu venci! A alegria da cura*).

Durante esse processo, adequei minha alimentação à medida que meu organismo me ensinava o que me fazia bem e o que me fazia mal. Foi com base na minha saúde e no meu bem-estar que moldei minhas preferências alimentares, o que aconteceu naturalmente, sem rupturas bruscas. Confesso que após me tornar vegetariana ampliei e muito minha variedade alimentar: passei a consumir uma maior variedade de grãos, sementes, castanhas, leguminosas, cereais, temperos, especiarias, ervas, legumes, verduras...

Não sou vegana: consumo mel, manteiga (especialmente ghee) e ovos, mas minhas preferências estão no reino vegetal. Simplesmente amo um belo e saboroso prato vegetariano!

É claro que me preocupo e me importo com a questão animal, mas não foi isso que definiu meus novos hábitos alimentares. O prazer ao comer é o que rege minhas escolhas e meu trabalho. Tenho imensa satisfação em criar, servir e ensinar a fazer comida vegetariana de qualidade!

Atualmente presto diversos serviços: faço atendimento nutricional, dou cursos de culinária, ministro palestras, presto consultoria, desenvolvo cardápios e fichas técnicas e atuo como personal chef em eventos. São vários serviços diferentes, mas em todos eles minha intenção é levar às pessoas comida de qualidade, saborosa, prazerosa e elegante, que satisfaça e promova bem-estar e saúde. Desejo que este livro também seja uma forma de alcançar esse objetivo!

Introdução

Alimentação é um tema que está em alta, principalmente quando se fala em alimentação saudável, balanceada, equilibrada, em qualidade e quantidade adequada, diversificada e harmônica entre os três principais macronutrientes existentes na natureza (carboidratos, proteínas e gorduras). Ela deve cumprir a finalidade de nutrir, dar energia e manter o adequado funcionamento do organismo. Os alimentos devem ser selecionados com sabedoria: é importante variar a dieta para suprir as necessidades de vitaminas e sais, principalmente com frutas e verduras.

Os carboidratos dão energia ao corpo para cumprir as atividades diárias e devem ser a base da alimentação, preenchendo de 55% a 60% das necessidades calóricas do indivíduo em todas as refeições do dia. Dentro do grupo dos carboidratos estão os pães, arroz, cereais, tubérculos, frutas, verduras, mel, melado, entre outros itens. Os melhores pães, arroz e cereais são os integrais: por não terem passado por tantos processos de refinamento, são mais nutritivos, têm um índice glicêmico menor, são absorvidos mais lentamente e promovem maior saciedade.

As proteínas fazem parte dos tecidos do corpo. Elas têm as funções de reposição de tecidos, de defesa através dos anticorpos e de catalisadoras, por formarem as enzimas. Além disso, repõem o nitrogênio gasto pelo organismo, fazem transporte de fluidos e marcam presença em nossos músculos e na membrana celular de todas as células do corpo humano. Um mito que deve cair por terra é o da baixa oferta de proteínas em um cardápio vegetariano. Já é consenso na comunidade nutricional que uma dieta sem carne pode prover todos os aminoácidos essenciais, desde que haja uma combinação adequada entre cereais e leguminosas (arroz e feijão) nas refeições principais.

O ser humano precisa de 10% a 15% de proteína na sua ingestão alimentar diária. Com o consumo de alimentos de origem vegetal, pode-se chegar tranquilamente a essas necessidades proteicas para perfeita regeneração de tecidos e células.

Para quem deixa de consumir carnes e ovos, os melhores substitutos alimentares são as leguminosas (feijões, lentilha, ervilha, grão-de-bico etc.), quinoa, castanhas, cereais integrais, sementes, tofu e tempeh. Uma combinação adequada desses alimentos provê todos os aminoácidos essenciais para se ter um organismo saudável.

As gorduras fazem parte de um grupo heterogêneo, pois existem vários tipos diferentes. São muito importantes para o funcionamento do organismo, auxiliam o transporte de vitaminas solúveis somente em gorduras (vitaminas A, E, B12 e D), são fonte de energia, protegem os órgãos de traumas e quedas e participam da síntese de substâncias importantes, como os hormônios. Por todas as suas funções, a gordura deve estar presente em nossa alimentação, mas é preciso escolher as melhores fontes e ingeri-las com moderação.

Um dos tipos de gordura é o colesterol, que está presente em especial nos alimentos derivados de animais, como gema de ovo, vísceras, coração, fígado, lagosta, marisco, camarão e língua. As gorduras, de modo geral, aparecem em grande quantidade em óleos, margarina, manteiga, queijos, carnes, gema de ovo, maionese, creme de leite, vísceras, azeite e castanhas. Esse macronutriente deve preencher de 25% a 30% das necessidades calóricas, mas é preciso escolhê-las com cuidado. As melhores fontes são as mono e poli-insaturadas, como castanhas (castanha-do-pará, nozes, castanha de caju sem sal, amêndoas etc.), óleos vegetais e azeite. As gorduras essenciais, os ômegas 3 e 6, estão presentes nesses alimentos e devem fazer parte da dieta.

O ômega 3 tem ação anti-inflamatória, o que contribui para a prevenção e o tratamento de infecções e doenças cardiovasculares. Além disso, melhora consideravelmente o desenvolvimento cognitivo e a função cerebral em bebês e crianças. Precisamos ingerir diariamente os alimentos certos para obter os benefícios do ômega 3, pois não o produzimos em nosso organismo; na dieta vegetariana, os ingredientes mais ricos são castanhas, linhaça, chia e seus respectivos óleos.

Alimentação vegetariana

Ter uma alimentação vegetariana é uma opção viável e saudável para o desenvolvimento de qualquer ser humano. Uma dieta vegetariana equilibrada e bem planejada é capaz de suprir todas as necessidades nutricionais de adultos, gestantes, lactantes e as crianças, podendo trazer inúmeros benefícios para o organismo na prevenção e no tratamento de doenças.

Os vegetarianos ingerem menos gordura saturada, colesterol e proteína animal. Por outro lado, têm ingestão superior de carboidratos complexos, fibra alimentar, magnésio, ácido fólico, vitamina C, vitamina E, carotenoides e potássio, bem como gorduras mono e poli-insaturadas, que favorecem o coração.

Os pais que optarem por oferecer uma dieta vegetariana a seus filhos devem procurar a orientação de um profissional nutricionista especializado em dieta vegetariana, ou que pelo menos tenha um bom conhecimento do assunto. Alguns cuidados precisam ser tomados, como

Cozinhando em família

elaborar um cardápio com ingestão adequada de proteínas e alimentos ricos em ômega 3, ferro e cálcio, fazendo as opções alimentares de acordo com a qualidade nutricional. O profissional nutricionista irá verificar a necessidade de suplementação de vitamina B12 e ferro, além das indicações de suplementação já preconizadas de vitaminas A e D.

Para bebês a partir de 6 meses, indica-se o consumo alternado diário de 1 colher (chá) de óleo de linhaça ou de chia por dia misturado na comida (não deve passar por processo de aquecimento) ou oferecido como suplemento. A partir de 1 ano o consumo passa a ser de 1 colher (sobremesa) por dia.

A vitamina B12 é a única encontrada somente nos alimentos de origem animal, por isso sua suplementação é necessária em vegetarianos. Mas mesmo quem come carne pode precisar de suplementação de B12, por ter carência dessa vitamina. Ela participa do metabolismo dos aminoácidos e dos ácidos nucleicos, possui função indispensável na formação do sangue, previne problemas cardíacos e derrame cerebral e

Cozinhando em família

é necessária para a boa manutenção do sistema nervoso.

Outros nutrientes importantes são o ferro e o cálcio. O ferro atua no transporte de oxigênio pelo sangue, por intermédio da hemoglobina, existente nos glóbulos vermelhos. Está também presente em algumas enzimas que catalisam mecanismos de oxidação celular. A deficiência de ferro pode causar anemia, levando a criança a quadros de cansaço, sonolência, fadiga excessiva, desânimo e queda de energia. Já o cálcio é essencial para a transmissão nervosa, coagulação do sangue e contração muscular; atua também na respiração celular, além de garantir uma boa formação e manutenção de ossos e dentes. É um dos elementos mais abundantes no corpo humano. Sua deficiência na corrente sanguínea (por má alimentação, questões hormonais ou outros motivos) leva o corpo a retirar cálcio dos ossos, o que pode ocasionar osteopenia e osteoporose. Baixos níveis de cálcio também podem causar agitação, unhas quebradiças, propensão a cáries, depressão, hipertensão, insônia, irritabilidade, dormência e palpitações.

Para a ingestão adequada de cálcio deve-se investir no consumo de alimentos fonte, como gergelim, tahine, amêndoas, vegetais verde-escuros, vegetais crucíferos (brócolis, couve-flor, repolho etc.), figo seco, algas, leguminosas e tofu. Uma dica importante para complementar a ingestão de cálcio é prestar atenção ao consumo adequado de ingredientes ricos em vitamina K, potássio e ômega 3 e à suplementação de vitamina D (ou a exposição diária ao sol para sintetizar esta vitamina adequadamente). A vitamina K e o potássio podem ser amplamente encontrados em alimentos de origem vegetal.

É essencial que os pais comam aquilo que eles desejam que seus filhos comam, pois o exemplo deve vir de casa, com ações e não somente com palavras. A imposição, o radicalismo e a proibição não são o melhor caminho para ensinar uma criança a comer de forma saudável. Os pais devem explicar aos filhos as questões éticas, ambientais, nutricionais e de saúde que estão envolvidas na escolha de ser vegetariano; além disso, o segredo é oferecer preparações saborosas, atrativas e criativas para conquistar a criança pelo paladar e pelo prazer de se alimentar sem carne.

A base de uma dieta vegetariana são os grãos – cereais (variados tipos de arroz, milho, trigo-sarraceno, painço, quinoa etc.) e leguminosas (feijões, lentilha, grão-de-bico, fava, amaranto, soja, ervilha etc.) –, que se complementam perfeitamente nos seus teores proteico e nutricional. Fazer uma combinação diária entre os grãos, como o famoso arroz com feijão, fornece todos os aminoácidos essenciais para o crescimento e desenvolvimento de todas as células do organismo. Para uma nutrição completa, a essa base devem ser acrescentados legumes, verduras, frutas, tubérculos (batata-doce, mandioca, mandioquinha, cará, inhame, batata etc.), castanhas (avelã, macadâmia, castanha de caju, castanha-do-pará, nozes, pistache, amêndoas, baru etc.), óleos (de linhaça, gergelim, amêndoas, nozes e macadâmia, azeite de oliva etc.) e sementes (de chia, girassol, linhaça, gergelim, abóbora etc.). Os alimentos derivados da soja também são fontes proteicas importantes, mas alguns cuidados devem ser tomados na sua ingestão, principalmente tratando-se de crianças.

Ao contrário de países como Estados Unidos, Inglaterra, Alemanha e Canadá, no Brasil a alimentação vegetariana ainda é vista com certa desconfiança. Apesar disso, em algumas cidades brasileiras vejo um movimento favorável nesse sentido, com abertura do mercado. A cozinha vegetariana está ganhando espaço através de restaurantes, nutricionistas e chefs que têm apresentado uma gastronomia diversificada e de qualidade. São pessoas em busca de uma alimentação mais saudável, que se veem arrebatadas por uma culinária cheia de alegância e sabor.

A culinária vegetariana já conquistou um público significativo, principalmente em algumas capitais brasileiras do Sul e do Sudeste. São pessoas que, na maioria, estão em busca de uma alimentação mais saudável e se veem arrebatadas por essa gastronomia cheia de elegância e sabor. Sejam aqueles que pretendem diminuir o consumo de alimentos de origem animal, sejam os protovegetarianos, vegetarianos ou veganos assumidos, eles apontam para uma nova tendência que está se expandindo no Brasil. Infelizmente, muitos criticam a cozinha vegetariana sem conhecê-la, se mostram fechados a novos sabores, temperos e ingredientes. Outros tiveram experiências ruins com a alimentação sem carne e formaram um conceito difícil de ser alterado. Conquistar esses clientes e ampliar seus horizontes é um grande desafio para os chefs e nutricionistas do Brasil e do mundo.

Para compor este livro de receitas vegetarianas desenvolvi preparações focadas em prazer, elegância, sabores e praticidade. Pretendo demonstrar, através destes pratos, que a culinária vegetariana isenta (total ou parcialmente) de alimentos de origem animal pode, sim, ser deliciosa, satisfatória, nutritiva, elegante, plena e saudável.

Este é um livro recheado de preparações elegantes, saborosas e nutricionalmente equilibradas. Utilizei técnicas culinárias e combinações que extraem dos ingredientes (como cereais, leguminosas, sementes, castanhas, folhas, ervas, especiarias, raízes, brotos, tubérculos, legumes e frutas) todo o seu potencial de sabor e nutrição.

A nova tendência da alimentação vegetariana está atenta tanto aos aspectos nutricionais quanto aos gastronômicos. Basta agora conquistar espaços, estabelecer novos conceitos e quebrar alguns paradigmas que estão arraigados na sociedade brasileira.

Dietas especiais

{ Pensando nos diferentes tipos de alergias e de opções alimentares, e na tentativa de incluir todos os membros da família, criei receitas sem glúten, outras sem lactose, algumas crudívoras e outras veganas, todas identificadas pelos ícones que ilustram as próximas páginas. A seguir, falo um pouco mais sobre os vários tipos de dieta alimentar. }

DIETA VEGANA

Fundada no início de 2010, a Sociedade Vegetariana do Brasil tinha como um de seus objetivos iniciais propor um novo conceito para classificar as muitas dietas vegetarianas. Segundo a nova classificação, os protovegetarianos são aqueles que mantêm o consumo de algum derivado animal, ainda que se alimentem predominantemente de vegetais. Podem ser uma combinação dos prefixos ovo-, lacto- e api- (exemplo: os ovolactovegetarianos, que consomem também ovos). Todos esses eram denominados, genericamente, de vegetarianos.

Pelo novo conceito, os vegetarianos são aqueles que consomem somente alimentos de origem vegetal e mineral. Estes anteriormente eram conhecidos como vegetarianos estritos.

Já os veganos não se alimentam nem fazem uso de produtos de origem animal; ou seja, não consomem carne, ovos, leite, laticínios ou mel, tampouco utilizam couro, lã ou itens que foram testados em animais.

DIETA CRUDÍVORA

Segundo o Dr. Edward Howell, as enzimas representam a fonte de energia orgânica e a vitalidade bioquímica central de toda estrutura viva existente, incluindo-se animais, plantas, algas e micro-organismos. Elas são essenciais para uma série de funções no organismo humano, entre elas equilíbrio hormonal, atividade cerebral, sexualidade, circulação sanguínea, respiração e mecanismo dos sentidos (paladar, olfato, tato, visão e audição). Até mesmo a vitalidade e a longevidade estão relacionadas às enzimas.

O ser humano, ao nascer, recebe uma "doação" muito grande de enzimas, como uma conta no banco repleta de energia vital. Se, durante a vida, se retira

Cozinhando em família

essa energia sem nunca ter o cuidado de fazer depósitos nela, chegará o momento em que esta se esgotará.

Se comemos uma fruta ou verdura crua, aproveitamos as enzimas ativas presentes no alimento, que promovem a sua fácil digestão. Se, no entanto, consumirmos o alimento cozido, as enzimas estarão inativas e nosso corpo deverá proporcionar as enzimas digestivas necessárias, valendo-se da reserva de energia vital. Quando a dieta é predominantemente constituída por itens cozidos e processados, o que fazemos é retirar continuamente de nossa "conta bancária". O prejuízo, ao cozinhar os alimentos, não se limita à perda quase total das enzimas, mas também das vitaminas — além disso, minerais e proteínas deixam de ser metabolizados como antes, convertendo-se, muitas vezes, em toxinas.

Outros tipos de preparação que não causam déficit nutricional e podem até potencializar o aporte de enzimas nos alimentos são a desidratação lenta em temperatura abaixo de 40 °C (frutas, verduras, grãos e legumes feita em desidratadores especiais) e a germinação de grãos, sementes e cereais.

DIETA SEM LACTOSE

Os alimentos lácteos (laticínios e seus derivados) não são essenciais ao ser humano e podem ser excluídos das refeições sem comprometimento nutricional. A recomendação diária de cálcio pode ser alcançada sem problemas com uma dieta vegetariana equilibrada e diversificada.

A maior preocupação das mães é na primeira infância, mas, segundo a OMS, recomenda-se o aleitamento materno exclusivo e frequente até os 6 meses de vida do bebê e a sua manutenção como complemento alimentar até os 2 anos de idade. Após esse período, o leite de origem animal pode ser excluído da dieta de todos os indivíduos, sendo facilmente substituído nutricionalmente por uma alimentação saudável.

Por causa do consumo muito frequente e intenso de laticínios e derivados, algumas pessoas desenvolvem sensibilidades e intolerâncias aos produtos lácteos, principalmente às proteínas do leite – que são moléculas grandes e de difícil digestão – ou à lactose, um carboidrato presente nos laticínios. A procura por preparações isentas desses elementos tem crescido muito, e o mercado está se ampliando e se ajustando a essa realidade.

Na maioria das receitas, o leite de vaca pode ser substituído por bebida de amêndoas, de arroz, de aveia ou de coco, que podem ser utilizados em mingaus, bolos, cremes e sobremesas.

DIETA SEM GLÚTEN

O glúten é uma proteína presente no trigo, centeio, cevada, malte, aveia e em todas as receitas e produtos preparados com esses cereais. A fração "tóxica" do glúten encontrada no trigo é chamada de gliadina. Por ser uma macromolécula de difícil digestão, o glúten pode ser muito prejudicial ao organismo, pois quando ingerido tende a causar uma série de reações inflamatórias no corpo. Essas reações acabam afetando o funcionamento adequado de alguns órgãos, tecidos e células. Certamente, podem-se associar à ingestão de glúten inúmeros problemas respiratórios, gastrointestinais, neuropsicológicos, autoimunes, dermatológicos, endócrinos e sistêmicos.

O glúten não desaparece quando os alimentos são assados, fritos, grelhados ou cozidos. A única forma de não consumi-lo é evitar a ingestão de preparações feitas com trigo, malte, centeio, cevada e aveia. Grande parte da população tem sensibilidade ao glúten, principalmente porque o trigo de hoje, presente em tantos alimentos, não é aquele grão puro e íntegro de antigamente. O trigo atual, consumido em grande escala, contém uma quantidade exagerada de glúten — o que é interessante para a indústria alimentícia, já que o glúten deixa os produtos de panificação mais macios, aerados, com sabor e textura melhores.

Uma alternativa para se fazer preparações sem glúten é usar a goma guar ou a goma xantana. A goma xantana tende a permitir que os amidos mantenham o ar preso, enquanto a goma guar ajuda a manter as partículas grandes em suspensão. A goma guar deve ser usada em receitas frias e geladas ou em recheios, enquanto a goma xantana é empregada em produtos de panificação.

Os alimentos com alto teor de ácido (como o suco de limão) podem fazer a goma guar perder a sua habilidade de espessamento. Portanto, em receitas com cítricos, deve-se usar a goma xantana ou aumentar a quantidade de goma guar.

A diferença principal entre as duas gomas é a variação nas quantidades para diferentes alimentos. Ao lado estão algumas medidas úteis para as preparações sem glúten (lembrando que isso pode variar de acordo com cada receita):

GOMA XANTANA

Biscoitos	¼ de colher (chá) por 1 xícara de farinha
Bolos e panquecas	½ colher (chá) por 1 xícara de farinha
Muffins e pães rápidos	¾ de colher (chá) por 1 xícara de farinha
Pães	1 a 1 ½ colher (chá) por 1 xícara de farinha
Massa de pizza	2 colheres (chá) por 1 xícara de farinha
Molhos para salada	½ colher (chá) por 1 xícara de líquido

GOMA GUAR

Biscoitos	¼ a ½ colher (chá) por 1 xícara de farinha
Bolos e panquecas	¾ de colher (chá) por 1 xícara de farinha
Muffins e pães rápidos	1 colher (chá) por 1 xícara de farinha
Pães	1 a 2 colheres (chá) por 1 xícara de farinha
Massa de pizza	1 colher (sopa) por 1 xícara de farinha
Para alimentos quentes (molhos, ensopados)	em média 1 a 3 colheres (chá) por ¼ de xícara de líquido
Para alimentos frios (saladas, sobremesas geladas, pudins)	em média 1 a 2 colheres (chá) por ¼ de xícara de líquido

---

ALGUNS ALIMENTOS NÃO CONTÊM GLÚTEN E PODEM SER UTILIZADOS EM PREPARAÇÕES DE PÃES, TORRADAS, BISCOITOS, PIZZAS E TORTAS SEM GLÚTEN:

- mandioca, batata, cará, inhame, batata-doce, yacon (batata peruana), milho, tapioca, mandioquinha;
- fécula de: batata, arroz e mandioca;
- farinha de: mandioca, arroz integral, tapioca, quinoa, milho, trigo-sarraceno, grão-de-bico, feijão e castanhas;
- amido de milho e fubá;
- araruta, amaranto, arroz integral e polvilho (doce ou azedo);
- quinoa em flocos, em grãos e farinha;
- flocos de: arroz integral, aveia e milho;
- macarrão de: arroz integral, quinoa, batata, batata-doce, milho e trigo-sarraceno.

Dietas especiais

Café da manhã

Bolo de amêndoas *48*
Bolo de mandioca com goiabada e coco *51*
Cookies com manteiga de amêndoas e cranberries *40*
Cookies de amêndoas e geleia de frutas vermelhas *43*
Cuscuz de tapioca *47*
Granola funcional *35*
Iogurte de frutas vermelhas *32*
Mingau assado de aveia e frutas secas *39*
Muesli *36*
Muffin de mirtilo *44*
Potente mix de berries *28*
Suco detox *24*
Vitamina de macadâmia e frutas *27*
Vitamina poderosa de cacau *31*

▸ Rendimento 2 porções   Tempo de preparo 5 minutos ◂

Suco detox

Na época em que fiz tratamento para hepatite C, tomei muito este suco. Fazia com que me sentisse melhor, limpava meu organismo e me nutria. Esta bebida auxilia o funcionamento hepático, além de proporcionar bem-estar e saciedade. O melhor é tomar em jejum, logo pela manhã, e sem adoçar, porque o sabor é ligeiramente doce. É mais fácil preparar este suco na centrífuga, mas, se você não tiver uma, um bom liquidificador e uma peneira resolvem.

4 maçãs, sem casca e sem sementes
2 folhas de couve-manteiga
¼ de beterraba
1 cenoura média, sem casca, picada
2 xícaras de água de coco

Passe a maçã, a couve, a beterraba e a cenoura pela centrífuga. Misture os sucos obtidos com a água de coco e sirva em seguida.

DICA
- Substitua a maçã por pera e a beterraba por amoras frescas. Além disso, um toque de suco de limão e um pouco de gengibre sempre caem bem.

Detalhes que dão
Charme

Decore com um pau de
canela
antes de servir

• Rendimento 4 porções   Tempo de preparo 5 minutos •

Vitamina de macadâmia e frutas

Algumas crianças torcem o nariz para leites de castanhas e frutas. Esta vitamina foi uma maneira de introduzir esses dois alimentos de um jeito saboroso e nutritivo. Ela contém proteína, gorduras, carboidrato, vitaminas e minerais, e o melhor é que a criançada adora!

½ xícara de macadâmia
4 xícaras de água de coco
1 maçã média, sem casca e sem sementes, cortada em cubos
1 banana-nanica, sem casca, picada
¼ de colher (chá) de canela em pó
uma pitada de sal
2 colheres (sopa) de sementes de gergelim
2 colheres (sopa) de flocos de quinoa
1 colher (sopa) de agave

1 Bata no liquidificador a macadâmia com a água de coco até triturar bem e ficar um leite espesso.
2 Coe e ponha o líquido obtido no liquidificador. Acrescente os ingredientes restantes e bata mais. Não precisa coar novamente. Sirva imediatamente ou, se preferir, sirva gelado.

DICA
• Se demorar para servir, bata novamente no liquidificador para incorporar bem todos os ingredientes. Este suco pode ser guardado por até 3 dias na geladeira ou 6 meses no freezer.

Café da manhã

▸ Rendimento 4 porções   Tempo de preparo 5 minutos ◂

Potente mix de berries

{ Este suco é cheio de antioxidantes que previnem o envelhecimento e o aparecimento de células cancerígenas. A cor fica linda e dá mais vontade ainda de provar! }

1 xícara de mirtilos congelados
1 xícara de framboesas congeladas
1 xícara de morangos frescos
4 xícaras de água de coco
raspas da casca de 1 laranja
2 colheres (sopa) de frutose em pó

Bata tudo no liquidificador. Coe e sirva imediatamente. Se quiser, sirva com frutas frescas ou incremente com a granola (ver p. 35).

DICA
- É ideal para ser servido no café da manhã ou no lanche. Se você deixar no freezer por algumas horas, esta bebida se transforma em um delicioso sorbet.

Cozinhando em família

► RENDIMENTO 2 PORÇÕES   TEMPO DE PREPARO 15 MINUTOS ◄

Vitamina poderosa de cacau

{ Que potência! Com grande quantidade de antioxidantes, esta vitamina é um lanche perfeito: fornece energia, nutrientes e muito sabor. }

1 banana-nanica madura, sem casca, picada
1 colher (sopa) de óleo de coco
2 xícaras de água de coco
½ xícara de castanha de caju crua
1 colher (sopa) de melado
1 colher (chá) de sementes de linhaça dourada
1 colher (sopa) de cacau em pó

Bata todos os ingredientes no liquidificador até ficar bem homogêneo e beba frio.

DICA
- É uma ótima pedida para tomar antes de praticar exercícios físicos, pois constitui um café da manhã rápido e nutritivo. Se quiser incrementar, coloque um pouco de calda de chocolate (ver p. 177) dentro do copo antes de servir.

Café da manhã

> Rendimento 8 porções   Tempo de preparo 20 minutos

Iogurte de frutas vermelhas

{ Quem não gosta de iogurte? Ele pode ser consumido no café da manhã, nos lanches e até nas refeições. Esta é uma opção vegana - feita com ingredientes vegetais. Rico em gorduras de ótima qualidade nutricional e antioxidantes, promove a saciedade. }

2 xícaras de água mineral
1 xícara de mirtilos congelados
1 xícara de framboesas congeladas
1 xícara de amoras congeladas
1 xícara de morangos frescos
1 xícara de frutose em pó
4 xícaras de polpa de coco verde
uma pitada de sal marinho

1. Em uma panela média, ponha a água, o mirtilo, a framboesa, a amora e o morango. Leve ao fogo até ferver. Reduza a chama e adicione a frutose. Mantenha no fogo até as frutas amolecerem.
2. Retire do fogo e coe o caldo das frutas. Reserve ambos até esfriarem.
3. Bata a polpa do coco no liquidificador com o caldo reservado, metade das frutas e o sal até ficar um creme homogêneo. Adicione as frutas restantes reservadas e bata apenas para misturar. Ponha num pote com tampa e leve à geladeira por 2 horas.

DICA
- Para retirar a polpa do coco verde, extraia a água verde e depois abra o coco ao meio. Retire a polpa com uma colher. Utilize imediatamente, guarde por 1 dia na geladeira ou até 3 meses no freezer.

▸ Rendimento 14 unidades   Tempo de preparo 45 minutos ◂

Granola funcional

Esta receita completa o seu café da manhã ou seu lanche. Versátil e extremamente nutritiva estimula o funcionamento dos intestinos. Além disso, fornece energia, fibras, vitaminas e minerais. Crocante e saborosa, quando está no forno deixa um cheiro maravilhoso na cozinha. Hummmm!

- 4 xícaras de flocos de aveia grossos sem glúten
- 1 xícara de flocos de amaranto
- ¼ de xícara de sementes de girassol cruas
- ¼ de xícara de sementes de abóbora cruas
- ¼ de xícara de sementes de gergelim branco
- ¼ de xícara de semente de linhaça dourada crua
- ½ xícara de amêndoas, sem casca e com a pele, cortadas ao meio
- ½ xícara de óleo de coco líquido
- ½ xícara de melado
- 1 colher (chá) essência de pão de mel em pó
- uma pitada de sal marinho
- 1 colher (sopa) de gengibre fresco ralado
- ½ xícara de goji berries

1. Preaqueça o forno a 180 °C. Unte duas assadeiras rasas de 30 x 45 cm com óleo vegetal. Forre as duas com papel-manteiga e unte o papel com óleo vegetal.
2. Em uma tigela grande, misture a aveia, o amaranto, as sementes e as amêndoas. Reserve.
3. Em outra tigela, misture bem o óleo de coco, o melado, a essência em pó, o sal e o gengibre ralado. Junte aos ingredientes misturados e reservados na outra tigela. Com ajuda de uma espátula, mexa até que fique tudo bem misturado.
4. Distribua a massa uniformemente pelas duas assadeiras untadas para que assem por igual (forme uma camada fina). Asse por 15 minutos ou até que comece a dourar. Retire do forno, deixe esfriar e quebre tudo com as mãos. Acrescente a goji berry e misture bem. Armazene em potes de vidro com tampa hermética para que a granola se mantenha crocante.

DICA
- Consuma em até 6 meses com açaí, creme de frutas, frutas frescas, iogurtes ou em saladas. A essência de pão de mel em pó pode ser substituída por outras especiarias, como a canela, o cravo ou a noz-moscada em pó.

Café da manhã

▸ RENDIMENTO 8 PORÇÕES   TEMPO DE PREPARO 20 MINUTOS ◂

Muesli

Aprendi mesmo a gostar de muesli quando morei em Nova York. Na primavera e no verão, esta receita é uma delícia com frutas frescas e secas e fica ainda melhor quando você consegue preparar no dia anterior. O sabor das especiarias e das frutas secas se intensificam e perfumam todo o prato.

1 xícara de flocos de aveia
¼ de xícara de flocos de amaranto
¼ de xícara de flocos de quinoa
uma pitada de sal marinho
¼ de xícara de uvas-passas pretas sem caroço
3 damascos secos, cortados em fatias
¼ de colher (chá) de canela em pó
uma pitada de cravo em pó
uma pitada de noz-moscada em pó
2 ½ xícaras de leite de amêndoa (p. 179)
¼ de xícara de agave
½ pera laminada com casca
¼ de xícara de açúcar demerara

1. Em uma tigela, misture a aveia, o amaranto, a quinoa, o sal, as frutas secas e as especiarias. Em outra tigela, misture o leite com o agave.
2. Despeje o leite sobre os ingredientes secos e incorpore tudo. Leve à geladeira por 2 horas.
3. Antes de consumir, cubra com a pera e salpique o açúcar demerara por cima.

Cozinhando em família

Capriche no mel

frutas secas
incrementam o prato

▸ Rendimento 12 unidades   Tempo de preparo 50 minutos ◂

Mingau assado de aveia e frutas secas

{ Perfeito para o clima frio, este mingau é muito nutritivo. Rico em fibras, auxilia o funcionamento intestinal e o controle do colesterol LDL. É ótimo para iniciar o dia, pois fornece energia e sacia. }

1 fava de baunilha
2½ xícaras de flocos de aveia grossos sem glúten
¼ de xícara de flocos de amaranto
¼ de xícara de flocos de quinoa
1 colher (chá) de canela em pó
uma pitada de noz-moscada
uma pitada de cravo em pó
½ colher (chá) de gengibre ralado
¼ de xícara de amêndoas, sem casca, partidas em pedaços grandes
¼ de xícara de nozes, sem casca, partidas em pedaços grandes
⅓ de xícara de cranberries desidratadas
⅓ de xícara de tâmara, sem caroço, cortada em pedaços grandes
⅓ de xícara de damasco, cortado em pedaços grandes
1 pera, sem caroço, cortada em cubos
2 xícaras de leite de amêndoa (p. 179)
½ xícara de creme de leite de arroz
¼ de xícara de mel
açúcar demerara para polvilhar

1. Preaqueça o forno a 180 °C.
2. Com a ponta da faca, corte a fava da baunilha ao meio no sentido do comprimento. Raspe o interior da fava para retirar as sementes (parecem uma massinha escura).
3. Em uma tigela, misture a baunilha e a aveia. Acrescente o amaranto, a quinoa, as especiarias e o gengibre. Misture.
4. Adicione as amêndoas, as nozes, as frutas secas e a pera. Mexa bem. Ponha o leite, o creme de leite de arroz e o mel. Misture tudo muito bem.
5. Transfira para um refratário retangular médio e asse por, aproximadamente, 30 minutos ou até dourar. Retire do forno e polvilhe com o açúcar demerara. Leve ao forno por mais 4 minutos e sirva.

DICA
- Sirva quente com mel ou melado e frutas frescas. Esta receita dura até 5 dias na geladeira.

Café da manhã

> Rendimento 30 unidades   Tempo de preparo 40 minutos

Cookies com manteiga de amêndoas e cranberries

Gosto muito de cookies e, para mim, o ideal é crocante por fora e macio e suave por dentro. Adoro degustar diferentes tipos e sabores de cookies; nos Estados Unidos os preferidos são os amanteigados, preparados principalmente com manteiga de amendoim. Ao adaptar a receita para o meu paladar, o resultado foi este surpreendente cookie de manteiga de amêndoas

1 fava de baunilha
¼ de xícara de leite de amêndoas (p. 179)
1 colher (sopa) de farinha de linhaça dourada
¼ de colher (chá) de vinagre de maçã
½ xícara de farinha de arroz
½ xícara de farinha de trigo-sarraceno
¼ de colher (chá) de goma xantana
¼ de colher (chá) de bicarbonato de sódio
¼ de colher (chá) de sal marinho
2 colheres (sopa) de óleo de coco derretido
¾ de xícara de açúcar mascavo
½ xícara de manteiga de amêndoa
½ xícara de cranberries desidratadas

1. Preaqueça o forno a 180 °C. Forre duas assadeiras com papel-manteiga e unte com óleo vegetal.
2. Com a ponta da faca, corte a fava da baunilha ao meio no sentido do comprimento. Raspe o interior da fava para retirar as sementes (parecem uma massinha escura).
3. Em uma panela, ferva o leite com a baunilha. Reserve e deixe esfriar. Em uma tigela, misture a farinha de linhaça, o leite reservado e o vinagre. Reserve por 15 minutos.
4. Em outra tigela grande, misture a farinha de arroz, a de trigo-sarraceno, a goma xantana, o bicarbonato e o sal. Reserve.
5. Em outra tigela, misture bem o óleo de coco, o açúcar mascavo e a manteiga de amêndoa até ficar homogêneo.
6. Misture bem todos os ingredientes reservados nas tigelas. Adicione a cranberry e misture mais. Com as mãos, faça bolinhas pequenas e disponha sobre a assadeira forrada. Com ajuda de um garfo, achate os cookies. Asse por 15 minutos ou até os cookies ficarem assados e dourados.
7. Deixe esfriar sobre uma grade e sirva com leite e canela, chá ou suco natural.

DICA
• Em temperatura ambiente, estes cookies duram até 5 dias guardados em um pote de vidro bem fechado; duram 15 dias na geladeira e até 6 meses no freezer. Use a manteiga de amêndoas em temperatura ambiente; se preferir, substitua por manteiga de avelã, de amendoim, de nozes ou tahine.

Quanto mais geleia você coloca, mais docinho fica

> Rendimento 12 a 16 unidades   Tempo de preparo 40 minutos

Cookies de amêndoas e geleia de frutas vermelhas

{ Este cookie é bem prático e fácil de fazer, tanto que minha filha, Sophia, já me ajudou algumas vezes a prepará-los. A parte que ela mais gosta é rechear os cookies com a geleia, é sempre uma diversão! }

1 xícara de amêndoas sem casca e sem pele
1 xícara de farinha de arroz integral
1 xícara de flocos de amaranto
uma pitada de sal marinho
¼ de colher (chá) de canela em pó
uma pitada de cravo em pó
uma pitada de noz-moscada em pó
¼ de xícara de mel
¼ de xícara de óleo de coco
½ xícara de geleia de frutas vermelhas

1. Bata as amêndoas no processador até ficarem em pedaços pequenos. Transfira para uma tigela e junte a farinha, o amaranto, o sal e as especiarias. Misture bem.
2. Em outra tigela, misture o mel e o óleo. Adicione aos ingredientes secos e misture bem.
3. Forme bolinhas com as mãos (se precisar, unte-as com óleo) e faça uma cova no meio para colocar a geleia.
4. Ponha a geleia e leve ao forno por 20 minutos ou até dourarem. Retire com a ajuda de uma espátula e sirva com chá ou sucos.

Café da manhã

▸ Rendimento 12 unidades   Tempo de preparo 40 minutos ◂

Muffin de mirtilo

{ É muito consumido nos Estados Unidos. Quando fazia faculdade de gastronomia, frequentemente tomava café da manhã na rua. Gostava do The Grey Dog, porque tinha a oportunidade de comer deliciosos muffins sem glúten. }

½ xícara + 2 colheres (sopa) de farinha de milho
½ xícara de farinha sem glúten (p. 172)
4 colheres (sopa) de açúcar demerara
½ colher (chá) de sal marinho
1 colher (chá) de fermento químico em pó
½ colher (chá) de bicarbonato de sódio
4 colheres (sopa) de manteiga derretida
¼ de xícara de leite de amêndoa (p. 179)
3 colheres (sopa) de mel
2 ovos caipiras batidos
1 xícara de mirtilos frescos
½ xícara de granola (p. 35)

1. Preaqueça o forno a 200 °C. Unte e forre uma assadeira de muffins de 12 cavidades com fôrmas de papel ou de silicone.
2. Em uma tigela, misture a farinha de milho, a farinha sem glúten, o açúcar, o sal, o fermento e o bicarbonato. Misture muito bem e reserve.
3. Em outra tigela, misture a manteiga, o leite, o mel e os ovos. Junte-os aos ingredientes reservados na outra tigela e misture até que fiquem bem incorporados.
4. Acrescente o mirtilo à mistura e mexa com cuidado. Com uma colher de sorvete, preencha ¾ da fôrma de muffin com a massa. Polvilhe com a granola.
5. Leve ao forno por 15 minutos ou até assarem.

DICA

• Para saber se os muffins estão assados, espete um palito no centro da massa; se sair limpo, estão prontos.

Sirva no café da manhã ou no lanche.
Com geleia de mirtilo, fica o máximo!

A **canela** não é só decoração

› Rendimento 10 porções   Tempo de preparo 30 minutos ‹

Cuscuz de tapioca

Sempre que viajo para o Nordeste, me delicio com o cuscuz de tapioca. Esta é a minha versão da receita. Preparo o leite de coco em casa e uso o coco ralado fresco. Faz toda a diferença!

2 xícaras de tapioca granulada
½ xícara de açúcar demerara
1 colher (chá) de sal marinho
2½ xícaras de leite de coco fresco (p. 180)
½ xícara de coco ralado fresco
óleo vegetal para untar a fôrma

Unte com óleo um refratário retangular com 11 x 25 cm. Em uma tigela, misture todos os ingredientes. Transfira para o refratário e reserve por 2 horas ou até praticamente não ter mais líquido. Sirva polvilhado com canela ou regado com mel, melado, goiabada e acompanhado de um chá bem quentinho.

DICA
- Guarde na geladeira, em recipiente coberto, por 3 dias ou 6 meses no freezer.

Café da manhã

> Rendimento 12 pedaços   Tempo de preparo 1h20

Bolo de amêndoas

{ Este bolo é muito simples de fazer e surpreende pelo resultado. Você pode comê-lo no café da manhã, no lanche ou até como uma deliciosa sobremesa se for servido com calda de frutas vermelhas. É rico em cálcio, fibras e proteína. }

3 xícaras de amêndoas, sem casca e sem pele, demolhadas
1 xícara de mel
1 colher (chá) de essência de amêndoas
6 ovos caipiras

1. Preaqueça o forno a 180 °C. Unte com óleo uma assadeira de 23 cm, com fundo removível. Cubra o fundo e as laterais da fôrma com papel-manteiga. Unte também o papel com o óleo.
2. Escorra a água das amêndoas e enxágue bem. Escorra novamente. Espalhe-as em uma assadeira rasa e leve ao forno por 8 minutos ou até secarem. Mexa algumas vezes, se necessário, para secarem completamente.
3. No processador, bata as amêndoas por 3 minutos ou até virar uma farinha. Ponha o mel e a essência. Bata mais um pouco para misturar muito bem.
4. Com o processador em movimento, adicione os ovos, um a um. Bata por mais 2 minutos para incorporar tudo. Transfira a massa para a fôrma untada e reservada. Coloque a fôrma sobre uma assadeira rasa.
5. Leve para assar por 20 minutos. Cubra a fôrma com papel-alumínio e asse mais 30 minutos ou até o palito sair limpo (ver dica na p. 45). Deixe esfriar antes de servir.

DICA
- Deixe as amêndoas de molho por 8 horas em uma tigela com água.

Pedaços de **MORANGO** fazem toda a diferença na calda

Rendimento 10 pedaços — Tempo de preparo 1h20

Bolo de mandioca com goiabada e coco

{ É o meu bolo preferido: amo fazer e comer. Gosto de sentir a crocância da mandioca ralada e do coco fresco. Fico com água na boca só de pensar...! Quando era adolescente, minha mãe fazia este bolo para mim até mesmo no meu aniversário. Herdei a receita e, com o tempo e muito aprendizado, aperfeiçoei-a para ficar mais gostosa ainda. }

6 xícaras de mandioca crua, sem casca e ralada no ralo grosso
1 colher (chá) de fermento químico em pó
1 colher (chá) de bicarbonato de sódio
1 xícara de coco ralado fresco
1 colher (chá) de vinagre de maçã
4 ovos caipiras grandes (gemas e claras separadas)
1 xícara de leite de coco fresco (p. 180)
¼ de xícara de mel silvestre puro
uma pitada de sal marinho
2 xícaras de goiabada cremosa

1. Preaqueça o forno a 180 °C. Unte uma fôrma de fundo removível de 25 cm com óleo vegetal e polvilhe com farinha de arroz.
2. Em uma tigela, misture bem a mandioca, o fermento, o bicarbonato e o coco ralado. Reserve.
3. Em outra tigela, misture o vinagre, as gemas, o leite de coco e o mel até virar um creme homogêneo. Misture os ingredientes líquidos aos secos, mexendo bem.
4. À parte, bata as claras em neve com o sal até formar picos firmes. Adicione as claras batidas à massa do bolo, misturando delicadamente.
5. Despeje metade da massa na fôrma. Por cima, ponha a goiabada. Cubra com a massa restante.
6. Ponha a fôrma com a massa sobre uma fôrma redonda de pizza e leve ao forno. Asse por 20 minutos. Cubra com papel-alumínio e asse por mais 40 minutos até a massa ficar assada e dourada. Espere amornar, desenforme e sirva como lanche ou no café da manhã.

Café da manhã

Almoço

Arroz negro com lentilha rosa *56*
Arroz tricolor *59*
Bolinho de lentilha assado *63*
Bolo de tâmara *68*
Brownie com cranberries e nozes *71*
Falafel *64*
Homus com tahine *67*
Omelete de tomate, espinafre e cebola roxa *60*
Salada asiática com noodles *55*

noodles e legumes combinam muito bem

> Rendimento 6 porções   Tempo de preparo 15 minutos ‹

Salada asiática com noodles

{ Esta receita me lembra muito a Tailândia, um dos lugares mais incríveis que já tive o prazer de conhecer. É um prato que tem boa aceitação entre crianças e adultos e é muito simples e rápido de preparar. }

- 1 folha de limão kaffir ou de qualquer limoeiro
- 1 fatia fina de gengibre
- 1 colher (sopa) de óleo de coco
- ¼ de xícara de cebolinha picada
- 1 colher (chá) de shoyu sem glutamato monossódico
- 1 dente de alho, sem a casca e sem o germe
- 1 colher (chá) de açúcar de coco
- ½ xícara de pimentão vermelho, sem sementes, cortado em tiras finas
- 1 xícara de brócolis, cozidos al dente e separados em pequenos buquês
- ½ xícara de cogumelo shitake, cortado em fatias
- ½ xícara de tomate-cereja, cortado ao meio
- 2 xícaras de noodles cozido (cabelinho de anjo ou bifum)

1. No processador, bata a folha de limão, o gengibre, o óleo de coco, a cebolinha, o shoyu, o alho e o açúcar de coco.
2. Transfira para uma tigela e adicione os ingredientes restantes, exceto o noodles. Reserve por 30 minutos para os legumes marinarem nos temperos.
3. Cozinhe os noodles de acordo com as instruções da embalagem. Escorra e transfira para a tigela com os legumes marinados. Misture bem e sirva.

DICA
- Sirva com um mix de folhas verdes da sua preferência. Caso não encontre a folha de limão, substitua por ¼ de colher (chá) de suco de limão.

Almoço

> Rendimento 4 porções   Tempo de preparo 30 minutos

Arroz negro com lentilha rosa

{ Gosto das cores, das texturas e dos sabores deste prato. Me sacia, me dá prazer, me deixa feliz! Também, pudera: é preparado com um dos meus cereais favoritos, o arroz negro, e um dos grãos que considero mais bonitos, a lentilha rosa, que dá um charme todo especial ao prato. }

- 1 xícara de arroz negro cru
- 1 xícara de lentilha rosa crua
- 2 colheres (sopa) de azeite
- ¼ de xícara de alho-poró cortado em fatias
- 1 dente de alho grande, sem a casca e sem o germe, picado
- 4 xícaras de caldo de legumes (p. 171)
- 1 colher (chá) de sal marinho

1. Deixe o arroz de molho por 12 horas. Troque a água 1 vez durante esse período. Depois desse tempo, escorra e enxágue, separadamente.
2. Em uma panela, coloque o azeite e refogue o alho-poró por alguns minutos. Quando ficar macio, adicione o alho e o arroz. Refogue por 1 minuto. Acrescente o caldo de legumes e deixe ferver com a panela tampada em fogo alto.
3. Após ferver, adicione o sal, reduza para fogo baixo e cozinhe, com a panela tampada, por 25 minutos.
4. Em outra panela, cozinhe a lentilha em água suficiente para cobrir os grãos por 5 minutos. Escorra bem e reserve. Misture a lentilha ao arroz. Espere aquecer e sirva quente.

DICAS

- Na geladeira, este prato dura até 3 dias em um recipiente com tampa. Se quiser, você pode congelar em pequenas porções por até 6 meses. Para descongelar, basta deixar na geladeira por 24 horas.
- Por que deixar o arroz de molho? O arroz rende mais, cozinha mais rápido e, mesmo não tendo valores significativos de fatores antinutricionais, elimina o mínimo de fitatos que possa ter.

Combine os
legumes
de sua preferência

› RENDIMENTO 4 PORÇÕES   TEMPO DE PREPARO 20 MINUTOS ‹

Arroz tricolor

{ Esta receita tem inspiração italiana, mas é tailandesa. Bom... só vendo e provando para saber! }

2 colheres (sopa) de óleo de gergelim
¼ de xícara de cebola picada
1 colher (sopa) de alho, sem a casca e sem o germe, picado
½ xícara de cenoura, sem casca, cozida e cortada em cubos
½ xícara de ervilha-torta branqueada e cortada na diagonal
2 xícaras de arroz vermelho cozido (p. 161)
1 tomate, sem sementes, cortado em cubos médios
1 colher (sopa) de shoyu sem glutamato monossódico
½ colher (chá) de açúcar demerara
uma pitada de pimenta-do-reino em pó
1 colher (sopa) de sementes de gergelim branco
folhas de coentro a gosto

1. Em uma wok, aqueça o óleo de gergelim e refogue a cebola até ficar transparente. Acrescente o alho e refogue, mexendo, às vezes, por mais alguns segundos. Adicione a cenoura e a ervilha-torta, refogando rapidamente.

2. Ponha o arroz e o tomate, mexendo mais um pouco. Misture o shoyu, o açúcar e a pimenta. Mexa bem. Prove e ajuste os temperos, se necessário. Sirva decorado com o gergelim e as folhas de coentro picadas.

DICA

• O processo de branqueamento nada mais é do que submeter o alimento a um choque térmico. Ao ser retirado da água quente ele é colocado em uma vasilha com água gelada ou gelo. A técnica interrompe o cozimento e deixa o alimento com a cor mais vibrante. É muito usado em legumes e verduras antes de congelá-los.

Almoço

> Rendimento 4 porções   Tempo de preparo 15 minutos

Omelete de tomate, espinafre e cebola roxa

{ Minha filha simplesmente ama ovos. Se deixar, ela come esse alimento no café da manhã, no almoço e no jantar. Este omelete foi criado para homenageá-la. Com nutrientes que auxiliam na prevenção da degeneração macular (região central da retina), é rico em aminoácidos e gorduras. }

4 ovos caipiras e orgânicos
½ colher (chá) de sal marinho
½ colher (sopa) de azeite
¼ de xícara de cebola roxa picada
¼ de xícara de tomate, sem sementes, e cortado em cubos pequenos
¼ de xícara de espinafre picado
salsa e cebolinha picadas a gosto para decorar

1. Bata os ovos e o sal com um garfo em uma pequena tigela até ficar homogêneo.
2. Coloque o azeite em uma frigideira antiaderente, mexa a frigideira para que o azeite cubra toda a superfície. Quando estiver quente coloque a mistura de ovos.
3. Faça movimentos circulares com a frigideira para que a mistura de ovos cubra toda a superfície. Sacuda a frigideira para evitar que o omelete grude no fundo.
4. Quando estiver ligeiramente cozido, após uns 40 segundos, espalhe sobre o omelete os demais ingredientes.
5. Quando estiver cozido e o fundo estiver dourado, com a ajuda de uma espátula, dobre o omelete ao meio. Sirva imediatamente.

DICA
- Um omelete bem fino pode ser servido como crepe. A versão francesa é simples, sem recheio e é dobrada em três partes. Se você gostar e consumir queijos, pode acrescentar queijo ralado e cogumelos refogados ao recheio.

Cozinhando em família

Para variar o sabor, substitua a lentilha por
feijão-fradinho

▸ RENDIMENTO 4 PORÇÕES   TEMPO DE PREPARO 1 HORA ◂

Bolinho de lentilha assado

Esta receita é uma ótima maneira de fazer seus filhos comerem lentilha e terem contato com algumas especiarias, ajudando a ampliar o paladar da criança. A partir de 18 meses, a criança já pode e deve ter contato com temperos diferentes, sem exageros. Além de deixar tudo mais gostoso, as especiarias têm potencial antioxidante e anti-inflamatório.

- 1 xícara de farinha de grão-de-bico
- ¼ de colher (chá) de fermento químico em pó
- ¼ de colher (chá) de cominho em pó
- uma pitada de pimenta-de-caiena, opcional
- 1 colher (chá) sal marinho
- ¼ de colher (chá) de cúrcuma em pó
- 1 xícara de lentilha cozida (ver dica)
- 1 ovo caipira e orgânico, ligeiramente batido
- ½ xícara de cebola roxa picada
- 2 colheres (sopa) de coentro picado

1. Em uma vasilha, misture a farinha de grão-de-bico e o fermento até não ficar grumos. Adicione os temperos e mexa para incorporá-los bem.
2. Escorra a lentilha para retirar toda a água e adicione à mistura. Ponha o ovo batido, a cebola e o coentro. Misture muito bem até dar o ponto de formar bolinhos. Se necessário, adicione um pouco de água apenas para dar liga.
3. Na mão, forme bolinhos achatados como pequenos hambúrgueres e reserve na geladeira por 30 minutos.
4. Preaqueça o forno a 180 °C.
5. Forre uma assadeira com papel-manteiga e disponha os bolinhos sobre o papel. Leve ao forno e asse por 20 minutos de cada lado ou até ficarem dourados. Sirva com salada e molho de tahine (p. 85).

DICA

- Deixe a lentilha de molho por 12 horas, trocando a água pelo menos 1 vez. Escorra e descarte a água do molho. Cozinhe na panela comum com água e sal por 10 minutos depois que começar a ferver, até ficar macia.

Almoço

Rendimento 12 a 16 pedaços   Tempo de preparo 30 minutos

Falafel

{ Sou fã deste bolinho árabe. É extremamente nutritivo, rico em proteínas, cálcio, magnésio e vitaminas do complexo B. Se quiser fazer de forma mais saudável, você pode assar, mas prefiro a versão frita. }

- 2 xícaras de grão-de-bico cru de molho por 24 horas
- ½ xícara de folhas de hortelã fresca picadas
- ½ xícara de salsa fresca picada
- ¼ de xícara de coentro fresco picado
- ¼ de xícara de folhas de manjericão fresco picadas
- 1 colher (chá) de sal marinho
- ½ colher (chá) de cominho em pó
- ½ colher (chá) de páprica doce
- ¼ de colher (chá) de pimenta-de-caiena
- 2 colheres (sopa) de farinha de grão-de-bico
- ½ colher (chá) de bicarbonato de sódio
- raspas de limão a gosto
- 2 colheres (sopa) de água
- 2 colheres (sopa) de azeite
- óleo vegetal para fritar

Molho de hortelã

- 1 xícara de folhas de hortelã fresca
- ¼ de xícara de azeite extra virgem
- ¼ de colher (chá) de sal marinho
- ¼ de colher (chá) de suco de limão
- ½ dente de alho, sem casca e sem o germe

1. No processador, triture o grão-de-bico com as ervas frescas até ficarem bem misturados (não precisa virar uma pasta). Transfira para uma tigela e adicione os temperos, a farinha de grão-de-bico, o bicarbonato e as raspas.
2. Adicione a água e o azeite para dar liga. Mexa bem com um garfo para que fiquem misturados. Faça bolinhas pequenas com ajuda de uma colher de sorvete.
3. Ponha óleo suficiente para fritura de imersão em uma panela e aqueça. Frite poucos bolinhos por vez até dourarem por igual. Transfira para uma travessa forrada com papel-toalha para escorrer o excesso de óleo e reserve.
4. Para fazer o molho, bata rapidamente todos os ingredientes no liquidificador, sem deixar virar uma pasta. Sirva com o falafel.

DICA

- Se preferir, asse o falafel no forno preaquecido a 200 °C, numa assadeira rasa untada, por 20 minutos ou até dourar. Sirva com homus (p. 67) ou molho de tahine (p. 85).

Não economize nas especiarias, **ouse!**

▸ RENDIMENTO 10 PORÇÕES (1,5 KG)   TEMPO DE PREPARO 15 MINUTOS ◂

Homus com tahine

Este é um dos pratos preferidos da minha filha, Sophia. Quando ela vê o grão-de-bico de molho, já pergunta: "Mamãe, você vai fazer homus?" Quando ouve o barulho do processador, corre e pergunta: "Você está fazendo homus?" Quando eu digo sim, ela pula de alegria pela cozinha. Sobe em uma cadeira e fica ao meu lado observando tudo e perguntando o tempo todo se pode experimentar.

- 6 xícaras de grão-de-bico cozido
- ½ xícara da água do cozimento do grão-de-bico
- ¼ de xícara de cebola roxa picada
- ½ xícara de tahine em pasta
- 2 colheres (chá) de sal marinho
- 4 colheres (sopa) de suco de limão--galego coado
- 1 dente de alho, sem casca e sem germe
- ¼ de xícara de azeite extra virgem

1. Em um processador de alimentos, bata bem o grão-de-bico cozido com a água do cozimento até virar uma pasta homogênea e cremosa. Adicione a cebola, o tahine, o sal, o suco de limão e o alho. Bata mais até obter uma mistura bem homogênea.
2. Com o processador em funcionamento, despeje o azeite e bata por mais 3 minutos para que fique bem cremoso. Sirva em temperatura ambiente com tabule, falafel (p. 64) ou babaganuche.

DICAS

• Deixe o grão-de-bico de molho por 24 horas, trocando a água 3 vezes. Escorra e descarte a água do molho. Cozinhe na panela de pressão com água e sal por 5 minutos, contados depois que a panela começar a chiar, ou até ficar macio. Desligue e espere a pressão sair naturalmente.

• Na geladeira, dura até 3 dias. Você pode congelar pequenas porções por 6 meses. Para descongelar, deixe na geladeira por 24 horas antes de usar.

Almoço

67

• Rendimento 14 pedaços   Tempo de preparo 1h20 •

Bolo de tâmara

{ Esta receita parece essas delícias vindas do Oriente Médio. Rica em sabores e doçura, pode ser servida no Natal, em aniversários ou até mesmo em um lanche da tarde com um belo chá. }

- 3 sachês de chá Earl Grey
- 450 g de tâmaras grandes, sem caroço
- ½ colher (chá) de canela em pó
- uma pitada de noz-moscada ralada
- uma pitada de cravo em pó
- ¾ de xícara de manteiga em temperatura ambiente
- ¾ de xícara de mel
- 4 ovos caipiras e orgânicos grandes
- 1 xícara de farinha de trigo-sarraceno
- 1 xícara de farinha de arroz
- ¾ de xícara de fécula de batata
- 1 colher (chá) de goma xantana
- 1 colher (chá) de bicarbonato de sódio
- 1 colher (chá) de fermento químico em pó
- 1 colher (chá) de vinagre de maçã

1. Preaqueça o forno a 180 °C. Unte com manteiga e farinha sem glúten uma assadeira redonda de buraco no meio com 23 cm de diâmetro.
2. Ferva 300 ml de água e coloque os sachês de chá. Reserve por 5 minutos.
3. No liquidificador, ponha as tâmaras, 1 xícara do chá reservado e as especiarias. Deixe descansar por 15 minutos e, depois, bata tudo até ficar homogêneo.
4. Em uma tigela, misture a manteiga com o mel até virar um creme. Adicione um ovo de cada vez, mexendo a cada adição. Acrescente as farinhas de trigo-sarraceno e de arroz, a fécula de batata, a goma xantana, o bicarbonato e o fermento. Ponha a mistura de tâmaras e o vinagre. Mexa muito bem.
5. Despeje a massa na fôrma untada e leve ao forno por 50 minutos ou até que, ao espetar um palito, ele saia limpo. Espere esfriar ligeiramente e desenforme.

DICA
• Sirva com a calda de chocolate (p. 177), de caramelo salgado (p. 176) ou até com a calda de frutas vermelhas (p. 178). Fica um arraso!

Rendimento 12 pedaços Tempo de preparo 25 minutos

Brownie com cranberries e nozes

{ É um dos preferidos da minha irmã, Isadora. E agora, também, do meu marido e da minha pequena Sophia. Fica suculento, úmido e cheio de sabor. Rico em antioxidantes – presentes no cacau, nas cranberries e nas nozes –, é rápido, prático e fácil de fazer. Vale a pena experimentar! }

- 200 g de chocolate amargo (80% de cacau)
- 1 xícara de óleo de coco em temperatura ambiente
- 1 xícara de açúcar cristal
- uma pitada de sal marinho
- 6 colheres (sopa) de cacau em pó
- ½ colher (chá) de café em pó
- 1 colher (chá) de gengibre fresco, sem casca, ralado
- 4 colheres (sopa) de farinha de arroz
- 4 ovos caipiras grandes
- 2 colheres (sopa) de cranberries
- 2 colheres (sopa) de nozes, sem casca, grosseiramente picadas

1. Preaqueça o forno a 200 °C.
2. No processador, bata o chocolate com o óleo de coco, o açúcar, o sal, o cacau, o café, o gengibre e a farinha.
3. Após bater por alguns minutos, acrescente os ovos (um de cada vez). Continue batendo até a massa ficar homogênea.
4. Pegue um pedaço de papel-manteiga e cubra uma assadeira de 30 cm x 15 cm. Unte-o com óleo. Com ajuda de uma espátula, espalhe a massa sobre o papel-manteiga. Tente deixá-la com 2,5 cm de espessura para que asse de forma rápida e uniforme. Por cima, espalhe as cranberries e as nozes, pressionando levemente.
5. Leve ao forno por 12 minutos ou até começar a dourar nas laterais. Retire antes que fique totalmente assado para que permaneça suculento. Deixe esfriar, corte em pedaços e sirva polvilhado, se desejar, com açúcar de confeiteiro.

DICA
- Tire do forno quando as laterais estiverem douradas, mas o centro ainda úmido, porque o brownie continua cozinhando por um tempo.

Almoço

Jantar

Caldo de cogumelos e algas *74*
Penne ao molho de tahine *85*
Risoto de alcachofra, cogumelos e alho-poró *86*
Salada de cogumelos, algas e talharim de arroz *78*
Salada oriental com lentilha rosa e fusilli de arroz *81*
Sopa de pepino e dill *77*
Sorbet de coco com calda de chocolate *89*
Tofu com especiarias *82*
Torta de nozes e cranberries *90*

► Rendimento 6 porções   Tempo de preparo 30 minutos ◄

Caldo de cogumelos e algas

Foi em um hotel na cidade de Chiang Mai, na Tailândia, que eu provei esta sopa. O seu caldo é transparente, mas o sabor e a aparência encantam. É uma ótima entrada, leve, saborosa e rica em nutrientes. Os cogumelos são ótimas fontes de vitaminas e o caldo auxilia no fortalecimento do sistema imunológico e ajuda o organismo a combater gripes e resfriados.

- 5 cogumelos shitake desidratados
- 1 colher (sopa) de alga wakame
- 1 colher (sopa) alga hijiki
- 50 g de noodles de arroz (cabelinho de anjo ou bifum)
- ¼ de xícara de cogumelo shimeji preto
- 2 colheres (sopa) de óleo de gergelim
- 2 xícaras de caldo de legumes (p. 171)
- ¼ de xícara de uvas-passas brancas sem sementes
- ½ colher (sopa) de sal marinho
- 1 colher (sopa) de shoyu sem glutamato monossódico
- 2 fatias médias de tofu firme, cortado em cubos
- ¼ de xícara de cogumelo enoki
- 1 maçã pequena, sem casca e sem sementes, cortada em cubos pequenos
- 1 colher (sopa) alga nori cortada em tiras finas
- salsa picada e sementes de gergelim branco a gosto

1 Ponha o shitake numa tigela e cubra com água. Reserve por 30 minutos ou até ficar macio. Escorra toda a água e deixar secar. Ponha as algas também de molho, separadamente, em água por 5 minutos. Deixe o macarrão também de molho em água quente por 2 minutos. Escorra todos e reserve.

2 Em uma panela, refogue o shitake hidratado e o shimeji no óleo de gergelim até ficarem dourados. Acrescente o caldo de legumes, as passas, o sal e o shoyu. Misture bem.

3 Ponha o tofu, o enoki, a maçã e o noodles. Cozinhe por mais 2 minutos. Acrescente todas as algas e sirva quente, polvilhado com salsa picada e gergelim.

o cogumelo
é o protagonista

Um prato reconfortante e
PRÁTICO

> Rendimento 4 porções   Tempo de preparo 15 minutos

Sopa de pepino e dill

Nesta sopa fria, só utilizo ingredientes crus, por isso ela é ótima para dias de calor. Esta receita ajuda a limpar o organismo e pode fazer parte de um cardápio detox. É fácil de fazer e muito prática.

2 xícaras de água
4 xícaras de pepino cortado em pedaços
4 xícaras de salsão cortado em fatias
½ xícara de dill
½ xícara de cebola picada
½ xícara de azeite extra virgem
¼ de xícara de suco de limão
2 colheres (chá) de sal marinho
pimenta-de-caiena a gosto

Bata todos os ingredientes no liquidificador, exceto a pimenta-de-caiena, até ficar homogêneo e cremoso. Sirva imediatamente, decorado com a pimenta.

Jantar

› Rendimento 6 porções   Tempo de preparo 30 minutos ‹

Salada de cogumelos, algas e talharim de arroz

Rica em cálcio, iodo, magnésio e carboidratos, esta salada é cheia de sabor e tem um aroma maravilhoso. Quando como este prato, me lembro da minha viagem pela Tailândia. Saudade…

1 colher (sopa) de alga hijiki
1 colher (sopa) de alga wakame
1 colher (sopa) de azeite
½ xícara de alho-poró cortado em rodelas
4 cogumelos portobello, limpos e cortados em pedaços grandes
5 cogumelos shitake cortados ao meio
½ xícara de cogumelos shimeji preto
½ xícara de broto de feijão
1 xícara de repolho roxo cortado em tiras finas
sal marinho e pimenta-do-reino a gosto
150 g de talharim de arroz cozido al dente (conforme instruções da embalagem)
¼ de xícara de sementes de gergelim preto

1. Em tigelas separadas, ponha as duas algas de molho em água por 15 minutos.
2. Em uma frigideira, aqueça o azeite e refogue o alho-poró e os cogumelos. Cozinhe, mexendo por 4 minutos ou até ficarem ligeiramente dourados e macios.
3. Acrescente o broto de feijão, o repolho e as algas bem escorridas. Refogue por mais 1 minuto e tempere com o sal e a pimenta. Junte o talharim e mexa delicadamente. Polvilhe com o gergelim e sirva.

DICA

• Para melhor aceitação das crianças, substitua os cogumelos por brócolis e couve-flor e as algas por cenoura ralada.

Cozinhando em família

Valorize as
cores
na hora de servir

▸ Rendimento 6 porções   Tempo de preparo 25 minutos ◂

Salada oriental com lentilha rosa e fusilli de arroz

{ Esta salada é linda e suas cores são incríveis! Dá vontade de comer com os olhos. Vale como uma refeição completa, pois é boa fonte de proteínas, carboidratos, vitaminas e minerais. }

1 xícara de lentilha rosa cozida (ver passo 4, p. 56)
½ xícara de fusilli de arroz (cozido segundo as instruções da embalagem)
3 tomates maduros, sem pele e sem sementes, cortados em cubos
¼ de pimentão amarelo, sem sementes, cortado em fatias finas
¼ de pimentão vermelho, sem sementes, cortado em fatias finas
3 colheres (sopa) de alho-poró cortado em rodelas finas
1 colher (sopa) de gengibre fresco picado
1 colher (sopa) azeite extra virgem
3 colheres (sopa) de shoyu sem glutamato monossódico
salsa picada e sal marinho a gosto
1 colher (sopa) de sementes de linhaça dourada
2 colheres (sopa) de sementes de gergelim preto

1 Em uma tigela, misture a lentilha rosa, o fusilli e o tomate. Reserve.
2 Em uma panela, refogue os dois tipos de pimentão, o alho-poró e o gengibre no azeite. Reserve e deixe esfriar. Ao esfriar, adicione a mistura de lentilha reservada.
3 Tempere com o shoyu, a salsa e o sal. Mexa e finalize com a linhaça e o gergelim. Se necessário, acrescente mais azeite e salsa picada. Sirva em temperatura ambiente.

DICA
• Se não encontrar a lentilha rosa, use feijão-verde, soja ou feijão-fradinho.

Jantar

Rendimento 4 porções · Tempo de preparo 20 minutos

Tofu com especiarias

{ O tofu é um daqueles alimentos que não merece a fama que tem. Ele é extremamente versátil e absorve muito bem os sabores incorporados ao prato. Rico em proteína, é essencial em cardápios vegetarianos e veganos. }

- 1 peça de tofu firme (200 g)
- 1 colher (sopa) de óleo de gergelim
- ¼ de xícara açúcar demerara
- 2 xícaras de água
- 1 canela em pau
- 1 anis-estrelado
- 3 sementes de coentro amassadas
- 3 dentes de alho, sem casca e sem o germe, amassados
- ½ colher (chá) de pimenta-do-reino em pó
- 1 colher (sopa) de shoyu sem glutamato monossódico
- ½ colher (chá) de sal marinho
- folhas de coentro a gosto

1. Em uma frigideira, doure o tofu no óleo de gergelim de todos os lados até ficar dourado. Reserve.
2. Em uma panela, ponha o açúcar e aqueça. Quando começar a caramelizar, adicione a água, a canela, o anis, as sementes de coentro, o alho e a pimenta.
3. Ao levantar fervura, acrescente o shoyu, o sal e o tofu reservado. Mantenha em fogo baixo por alguns minutos para o tofu absorver os temperos.
4. Desligue o fogo e sirva decorado com as folhas de coentro e, se desejar, arroz integral.

DICA

* Marinar o tofu antes de consumir é um dos segredos para deixar esse alimento extremamente saboroso.

Quando você aprender a temperar o TOFU, nunca mais vai querer outra coisa

Prático, bonito e
gostoso

> Rendimento 4 porções   Tempo de preparo 20 minutos

Penne ao molho de tahine

{ Cheio de sabor, nutrientes e com textura aveludada, este molho branco é perfeito. Além de gostoso, proporciona um prato rico em cálcio, magnésio e gorduras de ótima qualidade nutricional. }

1 xícara de tahine
2 colheres (chá) de shoyu sem glutamato monossódico
2 colheres (chá) de óleo de gergelim cru
2 colheres (sopa) de gengibre fresco ralado
3 dentes de alho, sem casca e sem o germe
½ colher (chá) de sal marinho
300 g de penne de quinoa
sementes de gergelim preto a gosto

1. Bata no processador todos os ingredientes, exceto o penne e o gergelim, até obter um molho homogêneo.
2. Cozinhe o penne de acordo com as instruções da embalagem, até ficar al dente.
3. Aqueça ligeiramente os ingredientes batidos e despeje sobre a massa quente. Sirva polvilhado com o gergelim.

DICA
- Não economize no molho: ele deve envolver bem todo o macarrão e ficar bem suculento.

Jantar

85

▸ Rendimento 4 porções   Tempo de preparo 35 minutos ◂

Risoto de alcachofra, cogumelos e alho-poró

Eu gosto muito de risoto, principalmente o italiano com muito azeite. Para mim, a receita não precisa ter manteiga, queijo ou creme de leite. Os temperos, a qualidade e o tipo do arroz fazem toda a diferença!

- 7 colheres (sopa) de azeite extra virgem
- 2 dentes de alho grandes, sem casca e sem o germe, picados
- 1 colher (chá) de sal marinho
- 1 xícara de fundo de alcachofra cortado em fatias
- ½ xícara de cogumelo-de-paris, fresco e limpo, cortado em fatias
- 3 xícaras de caldo de legumes (p. 171)
- ½ xícara de alho-poró picado
- 2 xícaras de arroz arbório
- ⅓ de xícara de vinho branco

1. Aqueça 2 colheres (sopa) azeite em uma frigideira antiaderente. Junte metade do alho picado, metade do sal, a alcachofra e o cogumelo. Refogue rapidamente e reserve.
2. Em uma panela, ferva o caldo de legumes e reserve.
3. Em uma frigideira grande, refogue o alho-poró em 2 colheres (sopa) de azeite. Acrescente o alho restante. Mexa e, quando estiver transparente, ponha o arroz. Refogue por 3 minutos. Despeje o vinho e continue mexendo até o vinho evaporar.
4. Acrescente duas conchas de caldo de legumes quente, mexa até o caldo começar a secar (neste momento, o arroz pode ser guardado para ser usado depois ou você pode continuar o processo).
5. Se continuar a preparação, adicione mais uma concha de caldo, mexendo sempre para o amido do arroz ser liberado (o arroz fica cremoso e aumenta de volume).
6. Quando começar a secar, acrescente mais uma concha do caldo, os cogumelos e a alcachofra refogados. Tempere com o sal restante. Continue mexendo até o caldo quase secar e o arroz ficar al dente (macio, porém firme). Desligue o fogo, finalize com o azeite restante e a salsa. Sirva.

Cozinhando em família

> Rendimento 6 porções   Tempo de preparo 30 minutos

Sorbet de coco com calda de chocolate

{ Difícil é resistir a esta tentação. tem sabor intenso, extremamente cremoso e guloso. Realmente irresistível! }

Calda
1 xícara de creme de leite de arroz
2 xícaras de chocolate amargo

Sorbet
2½ xícaras de leite de coco (p. 180)
1 xícara de polpa de coco fresco
½ colher (chá) de sal marinho
1 colher (sopa) de óleo de coco derretido
2½ colheres (sopa) de agave
½ colher (chá) de goma xantana
½ xícara de coco ralado fresco

Calda
1. Em uma panela, aqueça o creme de leite em fogo baixo. Quando começar a ferver, acrescente o chocolate em pedaços e misture até derreter (quando ficará homogêneo e cremoso). Reserve.

Sorbet
2. Bata todo os ingredientes no liquidificador, menos o coco ralado, até ficar homogêneo
3. Leve à geladeira por 30 minutos ou ao freezer por 15 minutos. Bata de novo até ficar bem cremoso. Leve ao freezer novamente.
4. Bata outra vez e acrescente o coco ralado. Misture bem. Leve ao freezer novamente até o momento de servir. Tire 5 minutos antes de servir e decore com a calda reservada.

DICA
- Experimente colocar granola (p. 35) por cima da calda.

Jantar

→ Rendimento 10 porções   Tempo de preparo 50 minutos ←

Torta de nozes e cranberries

{ Sempre amei tortas, principalmente as que têm massa sequinha e crocante. Só de pensar me dá água na boca... hum, que delícia! }

Massa

- 1/3 de xícara + 1 colher (sopa) de açúcar refinado
- ½ xícara de manteiga sem sal
- ¾ de xícara de farinha de trigo-sarraceno
- ½ xícara + 2 colheres de farinha de arroz integral
- 1 gema de ovo caipira

Recheio

- ½ xícara de açúcar mascavo
- ½ xícara de manteiga sem sal
- 2 colheres (sopa) de leite de amêndoa (p. 179)
- 1/3 de xícara de agave
- 1 xícara de nozes-pecãs sem casca grosseiramente picadas
- ½ xícara de cranberries desidratadas
- 1 colher (chá) de essência de baunilha

Massa

1. Em uma tigela, misture com as mãos todos os ingredientes até formar uma massa. Abra-a em uma assadeira quadrada de 23 x 23 cm. Leve à geladeira por 15 minutos.
2. Preaqueça o forno a 180 °C. Retire a massa da geladeira e leve ao forno por 12 minutos.

Recheio

3. Em uma panela pequena, misture o açúcar, a manteiga, o leite e o agave. Deixe ferver por 20 segundos e desligue o fogo.
4. Junte as nozes, as cranberries e a essência de baunilha. Misture bem e disponha sobre a massa previamente assada. Leve novamente ao forno por 15 minutos ou até o recheio borbulhar. Deixe esfriar e sirva.

Dica

- Você pode trocar as nozes por amêndoas ou avelãs.

Cozinhando em família

Lanche de sábado

Cupcake de chocolate com especiarias *104*
Hambúrguer de grão-de-bico e legumes *100*
Sanduíche aberto de tempeh *102*
Sanduíche de patê de ervas com alho e cenoura ralada *96*
Sanduíche de portobello ao pesto *95*
Taco com pasta de nozes, guacamole e sour cream *98*

• Rendimento 4 porções Tempo de preparo 20 minutos •

Sanduíche de portobello ao pesto

O ponto alto deste sanduíche é um suculento e bem temperado cogumelo portobello. O ideal é que ele seja do tamanho do pão. A primeira vez que comi um sanduíche vegetariano foi em Nova York. Fiquei surpresa com a variedade de sabores e o quanto pode ser suculento. Virei fã!

- 4 portobellos grandes sem o cabo
- 4 rodelas grandes de tomate, sem sementes, fresco e maduro
- 1 berinjela média, cortada em rodelas de 0,25 cm de espessura
- azeite extra virgem para pincelar os legumes
- 1 colher (chá) de sal marinho
- 4 pães de hambúrguer sem glúten
- ½ xícara de molho pesto (p. 166)
- 4 colheres (sopa) de cebola caramelada
- 4 xícaras de minirrúcula lavadas e escorridas

1. Aqueça uma grelha. Pincele os cogumelos, o tomate e a berinjela com o azeite. Polvilhe com o sal. Grelhe dos dois lados até ficarem dourados. Reserve.
2. Corte o pão de hambúrguer ao meio, passe azeite e coloque na grelha até ficar dourado. Passe o molho pesto sobre a base do pão. Por cima, arrume o cogumelo, a cebola, a berinjela, o tomate e a rúcula. Sirva em seguida.

DICA
• Sirva acompanhado da mandioca ao forno (p. 112).

Lanche de sábado

95

› Rendimento 15 a 20 sanduíches   Tempo de preparo 15 minutos ‹

Sanduíche de patê de ervas com alho e cenoura ralada

Fiz esta receita para um piquenique para o qual convidei famílias muito queridas. Todos gostaram e elogiaram muito os sanduíches. Não tive como não incluí-los no livro.

1 embalagem de pão de fôrma integral sem casca
1 cenoura ralada no ralo grosso

Patê
1 peça de tofu firme orgânico (200 g)
2 dentes de alho descascados
½ xícara de salsa picada
¼ de xícara de cebolinha picada
¼ de xícara de hortelã picada
¼ de xícara de manjericão picado
1 xícara de azeite extra virgem
1 colher de suco de limão
1 colher (chá) de sal marinho

1. Bata todos os ingredientes do patê no processador até ficar homogêneo
2. Passe uma quantidade generosa de patê em duas fatias do pão, preencha com cenoura ralada e feche o sanduíche.
3. Corte na diagonal e sirva em temperatura ambiente.

DICA
• Incremente o sanduíche com abobrinha e cebola grelhadas ou substitua o patê por molho pesto ou homus para variar o sabor.

Rende muito
e é um sucesso
entre as crianças

· Rendimento 6 porções   Tempo de preparo 45 minutos ·

Taco com pasta de nozes, guacamole e sour cream

É uma entrada bem prática, desde que você tenha os ingredientes prontos. Com exceção do guacamole, todos podem ser preparados antes e guardados na geladeira. O recheio do taco é raw food, rico em fibras, vitaminas e minerais. Possui um teor interessante de proteínas e promove a saciedade. Pode ser servido como um lanche reforçado.

Cozinhando em família

pasta de nozes

4 xícaras de nozes sem a casca
½ xícara de alga dulse
½ xícara de salsa fresca
1 pimentão vermelho médio, sem sementes e sem a parte branca, cortado em pedaços
2 dentes de alho médios, sem casca e sem o germe
¼ de xícara de suco de limão
½ xícara de azeite extra virgem
½ colher (chá) de sal marinho
½ colher (chá) de páprica picante
¼ de xícara de salsão cortado em fatias
¼ de xícara de cebola picada
¼ de xícara de dill picado

guacamole

3 avocados maduros, sem casca e sem o caroço
2 colheres (sopa) de suco de limão coado
1 colher (chá) de sal marinho
¼ de xícara de coentro picado
¼ de xícara de salsa picada
¼ de xícara de cebolinha picada
1 cebola branca média picada

taco

6 tacos prontos
½ xícara de sour cream (p. 170)
páprica defumada a gosto

pasta de castanhas

1. Bata todos os ingredientes no processador, exceto o salsão, a cebola e o dill, até ficar cremoso, mas com a textura preservada.
2. Adicione água, se necessário. Transfira a mistura para uma tigela e ponha o salsão, a cebola e o dill. Misture bem e reserve.

guacamole

3. Ponha o abacate em uma tigela e amasse a polpa com um garfo, mas não deixe virar um purê (preserve a forma e a textura). Junte os ingredientes restantes e misture bem. Reserve.

taco

4. Monte os tacos da seguinte maneira: ponha uma colherada da pasta de nozes sobre o taco. Por cima, coloque uma colherada de guacamole. Finalize com o sour cream e polvilhe a páprica. Sirva com salada.

DICA

- A alga dulse pode ser substituída pela de sua preferência. Se não encontrar avocados, use 1 abacate grande. Os ingredientes que sobrarem podem ser armazenados na geladeira por até 3 dias e no freezer por até 6 meses.

Lanche de sábado

• Rendimento 4 unidades   Tempo de preparo 50 minutos •

Hambúrguer de grão-de-bico e legumes

A palavra "hambúrguer" assusta muitas mães, mas garanto que vale a pena aprender e fazer este hambúrguer. É uma ótima maneira de satisfazer a vontade das crianças com algo nutritivo e saboroso, pois é rico em proteína, vitaminas e minerais.

1 xícara de grão-de-bico cozido al dente
½ xícara de cebola picada
½ xícara de azeite extra virgem
½ xícara de cenoura sem casca ralada
½ xícara de abobrinha ralada
1 xícara de flocos de quinoa
½ xícara de salsa fresca picada
1 colher (chá) de gengibre ralado
uma pitada de noz-moscada em pó
sal marinho a gosto

1. Deixe o grão-de-bico de molho por 24 horas. Escorra a água e cozinhe os grãos em água e sal por 20 minutos na panela de pressão ou até ficar al dente.
2. Deixe a panela esfriar e perder a pressão para abri-la. Abra e escorra. Reserve, separadamente, os grãos e o caldo do cozimento.
3. Triture brevemente o grão-de-bico no processador até virar uma massa consistente.
4. Refogue a cebola em um fio de azeite até ficar levemente dourada. Junte a cenoura e a abobrinha e refogue mais um pouco ou até ficar ligeiramente dourado.
5. Misture todos os ingredientes. Acrescente o azeite restante e molde os hambúrgueres no tamanho médio. Reserve na geladeira por 30 minutos. Depois desse tempo, leve ao forno por 25 minutos, ou até que esteja dourado e firme, ou frite-os em uma frigideira untada com azeite até dourarem.

DICA
• Sirva com pão de hambúrguer, tomate, alface, molho picante (p. 165), cebola roxa e shitake grelhado.

› Rendimento 8 porções   Tempo de preparo 40 minutos ‹

Sanduíche aberto de tempeh

{ A inspiração para esta receita veio de um sanduíche que experimentei num restaurante em Nova York. Simplesmente amei! Foi a primeira vez que consumi tempeh e nunca mais me esqueci. }

Cozinhando em família

102

cebolas caramelizadas

6 cebolas roxas grandes, cortadas em fatias finas
1/3 de xícara de açúcar mascavo
1/3 de xícara de vinagre balsâmico
2 colheres (sopa) de azeite extra virgem
1 ½ xícara de água
1 colher (chá) de sal marinho
uma pitada de pimenta-do-reino moída

marinada de tempeh

½ xícara de água
¼ de xícara de shoyu sem glutamato monossódico
2 dentes de alho, sem casca e sem o germe
2 fatias de gengibre, ralado
16 fatias finas de tempeh

molho pesto de abacate

2 avocados pequenos sem casca e sem caroço
½ xícara de azeite extra virgem
3 dentes de alho, sem casca e sem o germe
½ xícara de nozes, sem casca
1 maço grande de manjericão fresco
½ xícara de sal marinho

montagem

8 fatias de pão integral sem glúten
4 folhas de acelga cortadas em fatias finas

cebolas caramelizadas

1. Fatie as cebolas e coloque-as em uma panela grande com o açúcar mascavo, o vinagre, o azeite, a água, o sal e a pimenta. Deixe ferver, mexendo de vez em quando.
2. Cozinhe em fogo baixo por 40 minutos ou até que o líquido evapore e as cebolas estejam macias. Reserve.

marinada de tempeh

3. Em uma tigela média, misture todos os ingredientes, exceto o tempeh. Ponha o tempeh na marinada reservada.
4. Transfira para uma panela pequena e leve ao fogo até ferver. Reduza o fogo, cubra e mantenha assim por 30 minutos ou até apurar o sabor.
5. Retire o tempeh do fogo e seque o excesso de líquido. Deixe esfriar e pincele com um fio de azeite. Reserve a marinada.
6. Em uma chapa, grelhe o tempeh até ficar bem dourado. Se preferir, leve ao forno para dourar.

molho pesto de abacate

7. Bata todos os ingredientes do molho no processador. Prove os temperos e reserve.

montagem

8. Pincele o pão com azeite e leve ao forno até ficar dourado. Reserve.
9. Pegue uma fatia de pão levemente tostada. Passe o molho pesto. Corte ao meio na diagonal. Por cima, ponha um pouco da acelga, uma fatia de tempeh grelhado e, por cima, a cebola caramelada. Espete um palito para deixar o sanduíche firme e sirva em seguida.

DICA

- Se não encontrar avocados, substitua por 1 abacate pequeno.

Lanche de sábado

> Rendimento 12 unidades Tempo de preparo 40 minutos

Cupcake de chocolate com especiarias

Confesso que não sou muito fã de cupcakes nem de chocolate, mas minha pequena princesa é! E foi pensando nela que desenvolvi esta receita. Vale muito a pena ver a carinha de alegria que ela faz quando devora um destes bolinhos.

1 ½ xícara de farinha de trigo-sarraceno
1 colher (chá) de bicarbonato de sódio
1 colher (chá) de canela em pó
¼ de colher (chá) de noz-moscada em pó
1 ¼ xícara de açúcar demerara
4 colheres (sopa) de cacau em pó
½ colher (chá) de café em pó
5 colheres (sopa) de óleo vegetal
1 colher (sopa) de vinagre de maçã
1 colher (chá) de extrato de baunilha
1 xícara de água

Cobertura

½ xícara de cream cheese vegano
¾ de xícara de açúcar de confeiteiro
100 g de chocolate amargo vegano derretido

1 Preaqueça o forno a 180 °C.
2 Em uma tigela, misture bem os sete primeiros ingredientes. Em outra tigela, misture os demais ingredientes.
3 Junte as duas misturas numa batedeira e bata bem até virar uma massa homogênea. Preencha ¾ de forminhas para cupcake com a massa. Leve ao forno e asse por 20 minutos ou até que, ao espetar um palito no bolinho, ele saia seco.

Cobertura

4 Ponha todos os ingredientes na batedeira e bata até virar um creme homogêneo. Ponha em um saco de confeitar e decore os cupcakes a gosto (com granulado, se preferir) e sirva.

104 Cozinhando em família

Almoço de domingo

Bolo de aipim com coco *123*
Bolo de cenoura *120*
Cuscuz de fundo de alcachofra e banana *115*
Lentilha com maçã, banana e especiarias *119*
Mandioca ao forno *112*
Salada de penne tricolor de quinoa com pesto *111*
Salada mediterrânea *108*
Sorbet de tahine *124*
Tempeh empanado *116*
Torta de maçã, mirtilo e tâmaras *127*

> Rendimento 6 porções   Tempo de preparo 20 minutos

Salada mediterrânea

{ Esta salada é uma ótima entrada para massas ou pratos italianos, como risotos, porque abusa de ingredientes mediterrâneos. É perfeita para abrir o apetite e preparar o paladar para o prato principal que está por vir. }

1 pimentão vermelho, sem sementes e sem a parte branca, cortado em tiras
1 cebola roxa cortada em fatias
1 berinjela cortada em tiras médias
1 abobrinha cortada em meia-lua
2 tomates italianos cortados em quatro
1 xícara de azeite extra virgem
1 colher (chá) de sal marinho
2 colheres (sopa) de alecrim seco
uma pitada de pimenta-do-reino em pó
2 xícaras de minirrúcula
¼ de xícara de manjericão fresco
½ colher (chá) de vinagre balsâmico
½ xícara de queijo pecorino cortado em cubos

1. Preaqueça o forno a 180 °C.
2. Ponha os legumes em uma assadeira. Regue com o azeite e tempere com o sal, o alecrim e a pimenta. Leve ao forno e asse por 30 minutos ou até os legumes ficarem macios.
3. Transfira os legumes assados para uma travessa e junte a rúcula, o manjericão e o balsâmico. Misture tudo delicadamente e decore com o queijo. Sirva com fatias de pão tostadas e regadas com azeite.

DICA
- Para uma versão vegana, substitua o mel por agave ou melado e o pecorino por tofu firme.

Cozinhando em família

› Rendimento 8 porções   Tempo de preparo 20 minutos ‹

Salada de penne tricolor de quinoa com pesto

{ Minha filha ama massa e molho pesto, por isso, criei esta salada. Foi uma maneira de estimulá-la a consumir verduras e deu certo! }

12 folhas médias de rúcula
4 folhas de radicchio cortadas em fatias
10 tomates-cereja cortados ao meio
8 fatias médias de abobrinha crua
4 colheres (sopa) de molho pesto (p. 166)
200 g de espaguete de arroz al dente (cozido conforme as instruções da embalagem)
1 xícara de folhas de manjericão, sem o talo

1 Em uma tigela, ponha a rúcula, o radicchio e o tomate. Reserve.
2 Grelhe a abobrinha até ficar macia e dourada (dos dois lados) e corte as fatias no formato meia-lua. Deixe esfriar e adicione às folhas reservadas.
3 Acrescente o pesto, o macarrão morno e misture com cuidado. Decore com o manjericão fresco e sirva em temperatura ambiente.

DICA
• Se o tempo esfriar, transforme esta salada em um delicioso prato quente. Basta misturar a massa quente aos ingredientes, refogar por uns 2 minutos e servir em seguida.

Almoço de domingo

111

▸ RENDIMENTO 10 PORÇÕES   TEMPO DE PREPARO 1 HORA ◂

Mandioca ao forno

É um petisco bem brasileiro que eu gosto muito! Convide aquela pessoa com quem você gosta de estar junto, de jogar conversa fora, de curtir o tempo passar devagar, e sirva esta mandioca crocante e quentinha com um belo sorriso no rosto.

8 mandiocas, sem casca, cortadas em palitos
¼ de xícara de farinha de grão-de-bico
6 colheres (sopa) de azeite
sal marinho grosso a gosto

1. Preaqueça o forno a 180 °C.
2. Ponha a mandioca em uma assadeira rasa. Polvilhe-a com a farinha e regue com o azeite. Misture com as mãos e espalhe os palitos em apenas uma camada para assarem uniformemente.
3. Tempere com o sal e leve ao forno por 1 hora ou até assar e ficar crocante.

DICA
- Se quiser, você pode adicionar páprica doce, páprica defumada e pimenta-de-caiena. Sirva com molho picante (p. 165) ou ketchup (p. 169).

Cozinhando em família

Ótima pedida para um
piquenique!

Rendimento 6 pedaços   Tempo de preparo 25 minutos

Cuscuz de fundo de alcachofra e banana

Sempre fazia este cuscuz no Natal. É um prato simples, mas todos gostavam e pediam. A doçura da banana e o sabor suave da alcachofra combinam muito bem com o milho e os outros ingredientes do prato.

- ½ xícara de cebola picada
- 1 dente de alho, sem casca e sem o germe, amassado
- 1 xícara de fundo de alcachofra, cortado em fatias
- 2 colheres (sopa) de azeite extra virgem
- 1 xícara de banana-nanica, sem casca, cortada em rodelas
- 1 colher (chá) de sal marinho
- 2½ xícaras de farinha de milho
- 2 xícaras de molho de tomate (p. 164)
- 1 colher (sopa) de salsa picada
- 2 colheres (sopa) de cebolinha picada
- 6 pimentas-biquinho

1. Em uma panela, refogue a cebola, o alho e o fundo de alcachofra no azeite até a alcachofra começar a ficar ligeiramente dourada.
2. Adicione a banana, tempere com o sal e refogue por mais 2 minutos. Acrescente a farinha de milho, misture e cozinhe 2 minutos.
3. Ponha o molho de tomate e cozinhe mais 5 minutos (se necessário, use mais molho se ficar muito seco, pois a massa precisa ficar ligeiramente úmida). Desligue o fogo e acrescente a salsa e a cebolinha.
4. Coloque em forminhas pequenas com furo no meio. Desenforme com cuidado e decore com a pimenta-biquinho.

DICA
- Se quiser um reforço proteico, acrescente ovos cozidos picados.

Almoço de domingo

115

> RENDIMENTO 6 PORÇÕES   TEMPO DE PREPARO 15 MINUTOS

Tempeh empanado

Não existe proteína vegetal mais completa e com o teor proteico mais elevado que o tempeh. Se quiser um reforço de proteína da sua dieta, ele é o cara! Quando você aprender a preparar e experimentar, vai querer comer todos os dias.

400 g de tempeh marinado (p. 163)
4 ovos inteiros
2 xícaras de farinha de arroz
2 xícaras de farinha de rosca
1 xícara de óleo vegetal
salsa picada para decorar

1 Corte o tempeh em fatias médias. Seque-o bem com papel-toalha e reserve. Em uma tigela, bata os ovos e reserve.

2 Passe as fatias de tempeh na farinha de arroz, cobrindo-as totalmente. Passe-as nos ovos batidos e, depois, na farinha de rosca.

3 Em um panela, aqueça o óleo. Frite o tempeh até ficarem dourado de todos os lados. Transfira para uma travessa forrada com papel-toalha para escorrer o excesso de óleo. Sirva polvilhado com salsa picada, acompanhando arroz negro (p. 160) e salada, ou regado com molho de tahine (p. 85).

DICA
- Outra opção é servir como petisco, acompanhado de molho picante (p. 165) ou ketchup (p. 169).

Cozinhando em família

Os sabores **agridoces** fazem a diferença

Rendimento 12 pedaços   Tempo de preparo 30 minutos

Lentilha com maçã, banana e especiarias

{ Um prato cheio de sabor e nutrientes. A lentilha, além de ser uma ótima fonte proteica, é de fácil digestão. As especiarias dão um toque especial ao prato, que fica cheio de sabor! }

- 2 xícaras de lentilha de molho por 24 horas
- 1 colher (sopa) de azeite extra virgem
- 1 dente grande de alho, sem casca e sem o germe, picado
- 1 colher (chá) de cúrcuma
- 4 xícaras de caldo de legumes (p. 171)
- 1 colher (sopa) de alho-poró fatiado
- 1 maçã gala, sem sementes, cortada em cubos médios
- ½ colher (chá) de canela em pó
- ½ colher (chá) de cravo em pó
- ½ colher (chá) de cominho em pó
- uma pitada de cardamomo em pó
- 2 colheres (chá) de sal marinho
- 1 banana-nanica (não muito madura), sem casca e cortada em rodelas grossas

1. Enxágue e escorra bem a lentilha. Em uma panela, refogue a lentilha em metade do azeite, com o alho e metade da cúrcuma.
2. Adicione o caldo de legumes, tampe e deixe ferver. Assim que ferver, abaixe o fogo e cozinhe por 10 minutos.
3. À parte, aqueça em outra panela o azeite restante e refogue o alho-poró, a maçã e os demais temperos. Misture e adicione a banana. Refogue por 30 segundos, desligue e reserve.
4. Acrescente a mistura de frutas à lentilha refogada. Mexa delicadamente e deixe ferver mais 5 minutos. Sirva com arroz integral ou com um assado de tubérculos.

DICA
- Troque a água da lentilha a cada 8 horas. Se quiser deixar a receita com sabor mais picante, acrescente ao refogado de maçã ¼ de colher (chá) de pimenta-de-caiena e ½ colher (chá) de gengibre fresco ralado. Você pode congelar por até 6 meses e manter na geladeira, em recipiente com tampa, por até 3 dias.

Almoço de domingo

• Rendimento 12 porções Tempo de preparo 1h20 •

Bolo de cenoura

{ Parece um bolo comum de cenoura, mas surpreende pela intensidade de sabor e textura. Com especiarias e castanha, lembra um bolo de Natal. }

Massa

1 ½ xícara de açúcar mascavo
½ xícara de óleo de canola
3 ovos caipiras e orgânicos grandes
1 xícara de leite de coco fresco (p. 180)
2 xícaras de cenoura crua, sem casca, ralada
¾ de xícara de uvas-passas brancas sem sementes
½ colher (chá) de vinagre de maçã
¾ de xícara de nozes sem casca picadas grosseiramente
¾ de xícara de farinha de arroz
¾ de xícara de farinha de trigo-sarraceno
1 colher (sopa) de fermento químico em pó
½ colher (chá) de bicarbonato de sódio
1 colher (chá) de goma xantana
1 colher (chá) de canela em pó
1 colher (chá) de cravo em pó
¼ de colher (chá) de noz-moscada em pó
1 colher (chá) de essência de nozes

Cobertura

1 ¼ xícara de ghee em temperatura ambiente
½ xícara de cream cheese vegano
4 xícaras de açúcar de confeiteiro
1 colher (sopa) de essência de baunilha

Finalização

nozes sem casca assadas por 5 minutos no forno a 150 °C
açúcar de confeiteiro para polvilhar

Massa

1. Preaqueça o forno a 180 °C. Unte com óleo e polvilhe com farinha sem glúten uma fôrma redonda de buraco no meio com 23 cm de diâmetro.
2. Na batedeira, bata o açúcar e o óleo até incorporar bem. Retire e reserve. Em uma tigela, quebre os ovos. Ponha na batedeira e bata até espumarem. Sem parar de bater, adicione a mistura de açúcar reservada e bata até virar um creme.
3. No liquidificador, bata o leite de coco com metade da cenoura ralada até ficar homogêneo. Acrescente as passas, o vinagre, as nozes e o restante da cenoura ralada. Misture bem.
4. Acrescente as farinhas peneiradas, o fermento, o bicarbonato, a goma xantana, as especiarias e a essência. Mexa delicadamente e transfira para a fôrma untada.
5. Leve ao forno por 40 minutos ou até que, ao espetar um palito, ele saia limpo. Espere esfriar para desenformar.

Cobertura

6. Na batedeira, bata todos os ingredientes e leve à geladeira por 30 minutos.

Finalização

7. Cubra o bolo com a cobertura e decore com as nozes assadas. Polvilhe com o açúcar de confeiteiro e sirva como sobremesa ou no lanche da tarde.

Almoço de domingo

▸ Rendimento 12 pedaços   Tempo de preparo 1h10 ◂

Bolo de aipim com coco

Quando estava grávida do Lucca, fomos passar o carnaval em Trancoso. O hotel servia todos os dias de manhã um bolo de mandioca que mais parecia um pudim de tão macio e cremoso. A cozinheira não quis passar a receita, mas deu a lista dos ingredientes, sem indicar quantidades ou explicar o preparo. Quando voltei para casa, já na primeira semana fiz um teste, que não tão bom. Refiz a receita algumas vezes, até chegar nesta minha versão. Espero que gostem e se deliciem!

- 3 xícaras de aipim, sem casca, ralado
- ½ xícara de açúcar demerara
- 2 ovos caipiras e orgânicos
- 2 colheres (sopa) de óleo de coco em temperatura ambiente
- 1 colher (chá) de sal marinho
- 1½ xícara de leite de coco fresco (p. 180)
- ½ xícara de coco ralado fresco

1 Preaqueça o forno a 180 °C. Unte uma fôrma de fundo removível com 24 cm de diâmetro. Reserve.

2 Bata todos os ingredientes no liquidificador, exceto o coco, até ficar uma massa homogênea. Transfira para uma tigela e adicione o coco, misturando bem.

3 Ponha a massa na fôrma reservada e leve ao forno por 40 minutos ou até que, ao espetar um palito, ele saia limpo.

DICA
• Capriche na goiabada, no melado ou no mel para acompanhar e sirva no café da manhã, no lanche ou até como sobremesa.

Almoço de domingo

123

> Rendimento 14 porções   Tempo de preparo 3 horas

Sorbet de tahine

É meu preferido e dá água na boca só de pensar. Estava em Israel quando experimentei pela primeira vez e fiquei encantada com o sabor inesquecível. Quando voltei ao Brasil, desenvolvi esta receita e desde então a preparo com frequência. Em casa, todos gostam e aprovam. Então acho que não pode faltar na sua casa também!

2 xícaras de tahine
½ xícara de óleo de gergelim
4 xícaras de água
1 xícara de açúcar demerara
1 colher (sopa) de essência de baunilha
uma pitada de sal marinho
1 colher (chá) de goma xantana

Bata todos os ingredientes no liquidificador até ficar homogêneo e cremoso. Leve à geladeira por 30 minutos ou ponha no freezer por 15 minutos. Bata novamente até ficar bem cremoso. Leve ao freezer novamente por mais 2 horas. Bata de novo. Misture bem e leve ao freezer novamente até o momento de servir.

DICA
• Se tiver uma sorveteira, bata por 45 minutos ou até ficar na consistência de sorvete. Leve ao freezer novamente até o momento de servir.

Não vai ao
FORNO

› Rendimento 8 fatias Tempo de preparo 25 minutos ‹

Torta de maçã, mirtilo e tâmaras

{ Esta incrível torta da culinária crudívora não precisa ir ao forno. É leve e cheia de aromas. De fácil digestão, cai muito bem como sobremesa ou no lanche da tarde. }

massa

1 xícara de castanhas de caju crua
1 xícara de tâmaras grandes sem caroço
1 xícara de coco ralado seco
¼ de colher (chá) de anis-estrelado
¼ de colher (chá) de canela em pó

recheio

2 maçãs grandes, sem casca e sem sementes, raladas ou picadas
1 xícara de uvas-passas sem sementes
2 tâmaras grandes sem caroço
1 colher (chá) de essência de baunilha
uma pitada de cravo em pó
¼ de xícara de água
½ xícara de mirtilos frescos

massa

1. No processador, bata a castanha de caju até triturá-la bem. Acrescente os demais ingredientes e bata até virar uma massa homogênea e firme.
2. Espalhe sobre uma fôrma de torta redonda com 23 cm de diâmetro e fundo removível. Deixe na geladeira por, pelo menos, 15 minutos antes de rechear.

recheio

3. No processador, bata todos os ingredientes (exceto a água e o mirtilo). Adicione a água aos poucos até obter uma consistência cremosa. Misture o mirtilo, mexendo delicadamente, e cubra a massa com essa mistura. Leve à geladeira por pelo menos 15 minutos antes de servir.

DICA

• Para variar o sabor, use peras no lugar das maçãs e damascos em vez de tâmaras.

Almoço de domingo

127

Ocasiões especiais

Arroz negro doce com leite de coco *148*
Arroz Thai *143*
Bolo inglês de frutas *155*
Friands de framboesa e amêndoas *151*
Fusilli tricolor de quinoa com legumes marinados *144*
Radicchio com purê de beterraba e queijo coalho grelhado *131*
Risoto de tomate-cereja, manjericão e queijo pecorino *147*
Salada de arroz negro ao molho balsâmico *135*
Salada de mamão verde *136*
Salada picante de manga, tempeh e cogumelos *132*
Sopa marroquina de gengibre e tomate *139*
Torta de cebola caramelada *140*
Torta ganache *156*
Verrine de chocolate com frutas vermelhas *152*

▸ Rendimento 14 porções   Tempo de preparo 25 minutos ◂

Radicchio com purê de beterraba e queijo coalho grelhado

{ A primeira vez que servi esta receita foi no aniversário do meu marido. Testei, mas não sabia se seria bem aceita. Mas todos gostaram e aprovaram! É uma preparação que fica bem balanceada por causa do doce da beterraba, o azedo do limão, o amargo do radicchio e o salgado do queijo. É delicioso! }

- 6 beterrabas médias, bem cozidas e sem casca
- 2 colheres (sopa) de suco de limão
- ½ colher (chá) de sal marinho
- ½ xícara de azeite extra virgem
- 1 maço de radicchio
- fatias pequenas e finas de queijo coalho
- ½ xícara de salsa picada

1. Bata a beterraba no liquidificador até virar um purê bem homogêneo. Acrescente o limão, o sal e o azeite e bata mais um pouco. Reserve.
2. Lave as folhas de radicchio, seque e separe as folhas menores. Reserve. Grelhe as fatias de queijo coalho até ficarem douradas dos dois lados. Reserve.
3. Recheie a folha de radicchio com o purê de beterraba, usando a folha como se fosse uma cama. Ponha uma fatia de queijo grelhado sobre o purê e finalize com a salsa picada. Sirva como entrada ou como petisco, em temperatura ambiente.

DICA
- Ótimo finger food para servir em uma festa ou como entrada de um jantar.

Ocasiões especiais

Rendimento 4 porções • Tempo de preparo 25 minutos

Salada picante de manga, tempeh e cogumelos

O tempeh é uma das melhores maneiras de se consumir soja. Feito de soja fermentado, é de fácil digestão e riquíssimo em proteínas de ótima qualidade nutricional. Um alimento imprescindível para vegetarianos e veganos.

Pasta de pimenta
- 9 pimentas vermelhas desidratadas
- ¼ de xícara de alho amassado
- 3 cebolas picadas
- 2 colheres (chá) de missô

Salada
- 1 pedaço de tempeh de 50 g
- 2 colheres (sopa) de óleo de gergelim
- 2 colheres (chá) de shoyu sem glutamato monossódico
- ½ colher (chá) de açúcar demerara
- ½ xícara de cogumelos shimeji branco
- 1 colher (sopa) de azeite extra virgem
- 5 folhas de alface (use as folhas do meio, que são menores)
- 1 ½ xícara de manga verde, sem casca e sem o caroço, ralada
- ½ xícara de folhas de limão cortadas em tiras finas
- 4 cebolinhas cortadas na diagonal
- 1 colher (sopa) de pimenta vermelha fatiada
- ¼ de xícara de folhas de hortelã fresca

Pasta de pimenta
Bata todos os ingredientes no liquidificador e reserve.

Salada
1. Corte o tempeh em fatias médias e grelhe no óleo de gergelim até ficar dourado de todos os lados. Reserve.
2. Em uma tigela, misture o shoyu e o açúcar. Leve ao fogo até o açúcar se dissolver e reserve.
3. Numa panela, refogue o cogumelo rapidamente no azeite até ficarem dourados. Depois, ponha na mistura de açúcar e shoyu. Mexa e reserve.
4. Em uma tigela, arrume as folhas de alface, a manga, as folhas de limão, a cebolinha e um pouco da pasta de pimenta. Misture tudo delicadamente. Acrescente o molho, os cogumelos e o tempeh. Misture tudo. Decore com a pimenta, a hortelã e sirva.

DICA
- Se sobrar pasta de pimenta, guarde para usar em outras receitas. Na geladeira, dura até 5 dias e 6 meses no freezer.

"Quando chegar a hora de COMER, vocês me chamam?"

› Rendimento 4 porções   Tempo de preparo 20 minutos ‹

Salada de arroz negro ao molho balsâmico

{ Nos últimos anos, esta salada está presente em todos os nossos Natais. É um clássico da nossa família, servida em todas as comemorações especiais, pois surpreende até os paladares mais exigentes. }

- 1/3 de xícara de cranberries desidratados
- 1/4 de xícara de amêndoas, sem casca e cortadas em lâminas
- 2 xícaras de arroz negro cozido (p. 160)
- 1/2 xícara de bulbo de erva-doce cortado em fatias
- 1/2 xícara de talo de salsão cortado em fatias
- 1 xícara de acelga cortada em tiras
- 1 xícara de alface-romana grosseiramente picada
- 1/2 xícara de radicchio grosseiramente picado
- 1 cenoura ralada no ralo grosso
- 1/2 pera média, sem sementes e com casca, cortada em cubos médios
- 1/3 de xícara molho balsâmico (p. 167)
- 1/4 de colher (chá) de sal marinho
- 1/2 xícara de salsa picada

1. Deixe a cranberry de molho em água por 15 minutos. Depois, escorra e reserve. À parte, ponha as amêndoas numa fôrma forrada com papel-alumínio e leve ao forno baixo por 8 minutos ou até dourarem (vire na metade do tempo).
2. Em um recipiente de inox ou vidro, ponha o arroz cozido, a erva-doce, o salsão, a acelga, a alface, o radicchio, a cenoura, a cranberry escorrida e a pera. Mexa delicadamente.
3. Adicione o balsâmico e o sal. Mexa até misturar os ingredientes. Polvilhe com a salsa e decore com as amêndoas laminadas. Sirva.

DICA
- Pode ser servida como entrada ou até como refeição principal, acompanhada de homus (p. 67), sour cream (p. 170) ou hambúrguer de grão-de-bico (p. 100). Para uma versão vegana, faça o molho com agave no lugar do mel.

Ocasiões especiais

> Rendimento 4 porções   Tempo de preparo 25 minutos

Salada de mamão verde

Provei esta salada incrível durante uma viagem pela Tailândia. Simplesmente inesquecível. Foi em um mercadão no centro da cidade de Chiang Mai. Era uma barraca simples, autêntica, que servia comida tradicional. Aqui está a minha versão dessa maravilha...

1 pimenta-malagueta seca
1 dente de alho grande, sem casca e sem o germe
1 colher (sopa) de pasta de amendoim
1 colher (chá) de açúcar demerara
1 tomate-cereja
1 colher (sopa) de missô
1 colher (chá) de pasta de tamarindo
1 colher (chá) de suco de limão
½ colher (chá) de shoyu sem glutamato monossódico
½ colher (chá) de sal marinho
1 mamão verde, sem casca e sem sementes, ralado
1 xícara de cenoura, sem casca, ralada
1 xícara de repolho roxo ralado
1 xícara de acelga cortada em tiras finas
½ xícara de vagens branqueadas (ver dica, p. 59) cortadas em diagonal
1 pimenta vermelha cortada em rodelas
½ xícara de broto de feijão
½ xícara de cebola cortada em rodelas
2 tomates, sem sementes, cortados grosseiramente
semente de gergelim, salsa picada e amendoim tostado para decorar

1. Em um pilão grande, triture a pimenta e o alho. Acrescente a pasta de amendoim e o açúcar. Misture bem e coloque em uma travessa.
2. Adicione o tomate-cereja, o missô, o tamarindo, o limão, o shoyu e o sal. Incorpore tudo muito bem. Prove e ajuste o sabor, pois deve haver equilíbrio entre o doce, o salgado, o azedo, o amargo e o picante. Ajuste de acordo com o seu paladar e reserve.
3. Ponha o mamão, a cenoura e o repolho ralados, a acelga, a vagem, a pimenta vermelha, o broto de feijão, a cebola e os tomates. Misture e finalize com o gergelim, a salsa e o amendoim. Sirva.

Cozinhando em família

Da **Tailândia**
para a sua mesa

› Rendimento 6 porções   Tempo de preparo 15 minutos ‹

Sopa marroquina de gengibre e tomate

{ É uma sopa crua e fria, de sabor intenso, com temperos e especiarias que aquecem o corpo e o coração. Além disso, é rica em cálcio, tem potencial anti-inflamatório e antioxidante. }

3 tomates maduros
¼ de xícara de tomate seco
1 colher (chá) de gengibre picado
½ xícara de tahine
1 colher (chá) de cardamomo em pó
1 colher (chá) de cominho em pó
¼ de colher (chá) de pimenta-de-caiena
2 dentes de alho, sem casca e sem o germe
¼ de xícara de manjericão fresco
¼ de xícara de salsa fresca
¼ de xícara de azeite extra virgem
1 colher (chá) de sal marinho
1 ½ xícara de água filtrada

Bata todos os ingredientes no liquidificador até ficar com a consistência desejada (se necessário, ponha mais água). Se desejar, finalize com algumas folhas de manjericão e sirva.

DICA
- Sirva como entrada para as lentilhas com maçã e especiarias (p. 119).

Ocasiões especiais

139

▸ Rendimento 10 porções   Tempo de preparo 50 minutos ◂

Torta de cebola caramelada

{ Uma ótima opção sem glúten para você matar a sua vontade de comer torta salgada. Tem sabor intenso e combina com uma bela salada! }

massa
1 receita de massa clássica para torta (p. 173)

Recheio
3 colheres (sopa) de azeite extra virgem
¼ de xícara de vinagre balsâmico
¼ de colher (chá) de sal marinho
3 colheres (sopa) de agave
2 cebolas roxas grandes sem casca fatiadas

Cobertura
¼ de xícara de creme de leite de arroz
1 ovo caipira e orgânico
uma pitada de sal marinho
uma pitada de pimenta-do-reino em pó
¼ de xícara de salsa picada

massa
1. Preaqueça o forno a 180 °C. Unte 10 forminhas de 8 cm de diâmetro com fundo removível com a massa ou uma fôrma grande de 23 cm com fundo removível. Leve à geladeira por 30 minutos.
2. Fure o fundo da massa. Cubra com papel-manteiga e, por cima, ponha grãos secos de feijão para fazer peso. Leve ao forno por 15 minutos ou até a massa ficar ligeiramente dourada. Reserve.

Recheio
3. Em uma panela, misture todos os ingredientes. Leve ao fogo, com a panela semiaberta e refogue, mexendo às vezes até a cebola ficar macia. Deixe o líquido quase secar. Ponha o recheio sobre a massa assada e reserve.

Cobertura
4. Em outra tigela, misture o creme de leite, o ovo, o sal e a pimenta até misturar bem. Distribua sobre a cebola e leve ao forno. Asse por 12 minutos ou até que o creme fique dourado e ligeiramente firme. Decore com a salsa e sirva com salada e sour cream (p. 170).

Pequena no tamanho, **grande** no sabor!

Nem precisa de
acompanhamento

▸ Rendimento 4 Porções   Tempo de Preparo 30 Minutos ◂

Arroz Thai

{ Este prato me traz lembranças deliciosas. Experimentei, pela primeira vez, algo parecido e realmente autêntico em minha viagem à Tailândia. Os temperos usados conferem ao prato sabores marcantes! }

- 1 colher (sopa) azeite extra virgem
- 1 xícara de abobrinha crua, cortada em meia-lua
- ½ xícara de pimentão vermelho, sem sementes, em fatias finas
- ¼ de xícara de alho-poró fatiado
- 1 pimenta cambuci cortada em fatias finas
- ½ xícara de vagem branqueada, cortada em rodelas pequenas e finas
- 1 xícara de cogumelos shimeji pretos
- 2 ovos caipiras e orgânicos
- 2½ xícaras de arroz agulhinha integral cozido
- 1 receita de molho pad thai (p. 168)
- ½ xícara de salsa fresca picada
- ¼ de xícara de cebolinha fresca cortada em rodelas

1. Aqueça uma wok. Na panela quente, ponha o azeite e refogue a abobrinha, o pimentão, o alho-poró e a cambuci até a abobrinha ficar macia (cerca de 5 minutos).
2. Acrescente a vagem e o cogumelo. Refogue por mais 3 minutos. Ponha os ovos na wok e espere 2 minutos. Adicione então o arroz e mexa por 1 minuto. Junte o molho e refogue por mais 1 minuto.
3. Desligue o fogo e decore com a salsa e a cebolinha antes de servir.

DICA

* Se quiser um sabor mais apimentado, acrescente um pouco de molho picante (p. 165). Para uma versão vegana, não use os ovos.

Ocasiões especiais

▸ Rendimento 4 porções   Tempo de preparo 25 minutos ◂

Fusilli tricolor de quinoa com legumes marinados

Este é um prato ideal para um jantar rápido, mas especial. Nutritivo, rico em proteínas, vitaminas e minerais, fica muito saboroso e bonito.

marinada
- 1 colher (sopa) de gengibre ralado
- 1 colher (sopa) de óleo de coco
- ¼ de xícara de cebolinha picada
- ½ xícara de shoyu sem glutamato monossódico
- 2 dentes de alho picado
- 2 colheres (sopa) de açúcar mascavo
- 2 folhas de limão kaffir, opcional

massa
- ½ xícara de pimentão vermelho, sem sementes, em fatias finas
- ½ xícara de brócolis em pedaços pequenos
- ½ xícara de cogumelos shitake em fatias
- ½ xícara de cogumelos-de-paris em fatias
- 500 g de fusilli tricolor de quinoa al dente (cozido conforme as instruções da embalagem)

marinada
1. Ponha todos os ingredientes no processador e bata bem até virar um molho espesso. Transfira para uma tigela.

massa
2. Ponha todos os ingredientes na tigela com a marinada reservada, exceto o fusilli. Deixe marinar por 4 horas.
3. Em uma frigideira antiaderente, refogue os legumes marinados por 5 minutos. Adicione o fusilli, mexa bem e deixe aquecer rapidamente. Sirva.

DICA
- Você pode deixar os legumes na marinada de um dia para o outro. Assim, quando for preparar o prato, basta o tempo de cozimento do macarrão para ficar tudo pronto.

Cozinhando em família

› Rendimento 4 porções   Tempo de preparo 30 minutos ‹

Risoto de tomate-cereja, manjericão e queijo pecorino

{ Este risoto é bem italiano. Tem tudo que me lembra a Itália e seus sabores simples e autênticos… }

- 9 colheres (sopa) de azeite extra virgem, separadas
- 2 dentes de alho grandes, sem casca e sem germe, picados
- 1 colher (chá) de sal marinho
- 1 xícara de tomate-cereja
- ½ xícara de manjericão fresco
- 3 xícaras de caldo de legumes (p. 171)
- ½ xícara de alho-poró
- 2 xícaras de arroz arbório
- ⅓ de xícara de vinho branco
- ½ xícara (chá) de queijo pecorino cortado em cubos

1. Aqueça uma frigideira antiaderente e refogue em 4 colheres (sopa) de azeite, metade do alho picado, metade do sal e o tomate. Refogue até o tomate ficar macio. Junte o manjericão picado (reserve algumas folhinhas para decorar) e reserve.
2. Em uma panela, ferva o caldo de legumes. À parte, em uma frigideira grande, refogue o alho-poró e o alho restante em 2 colheres (sopa) de azeite. Quando estiver transparente, acrescente o arroz. Refogue por 3 minutos. Ponha o vinho branco e mexa até o álcool evaporar.
3. Acrescente duas conchas do caldo quente, mexa até começar a secar. Junte mais uma concha de caldo, mexendo sempre para liberar o amido do arroz (nessa etapa, o arroz deve estar cremoso e ter aumentado de volume).
4. Quando o caldo começar a secar, adicione mais uma concha do caldo e o refogado de tomate reservado. Tempere com o sal restante.
5. Continue mexendo sempre; provavelmente quando o caldo começar a secar, o arroz já estará al dente e no ponto. Misture o queijo pecorino ao arroz.
6. Desligue o fogo, finalize com o azeite restante e o manjericão fresco reservado. Sirva quente com um bom vinho.

DICA
* Ao acrescentar a primeira concha de caldo ao risoto, você pode interromper o processo e guardar o arroz para usar depois.

Ocasiões especiais

▸ Rendimento 4 porções   Tempo de preparo 40 minutos ◂

Arroz negro doce com leite de coco

{ Criei esta receita enquanto cursava o Natural Gourmet Institute, em Nova York. Todos gostaram e aprovaram. Além de ser visualmente bonito e diferente, o sabor é autêntico e surpreende! }

- 1 xícara de leite de coco fresco (p. 180)
- 1 xícara de água
- 1 xícara de arroz negro
- uma pitada de sal marinho
- 1 colher (chá) de canela em pó
- ¼ de colher (chá) de cravo em pó
- ¼ de xícara de agave
- 2 peras, sem casca e sem sementes, em fatias finas
- 2 colheres (sopa) de avelãs, sem casca, tostadas e picadas

1. Numa panela, misture o leite de coco e a água. Cozinhe o arroz nessa mistura até ferver. Reduza o fogo, acrescente o sal, a canela, o cravo e o agave. Cozinhe até o arroz ficar bem macio.
2. Acrescente mais leite de coco e água durante o cozimento, se necessário. Mexa, às vezes, enquanto cozinha. Prove os temperos e ajuste, se for preciso. Cozinhe até ficar cremoso e o caldo reduzir bem.
3. Pincele a pera com o agave e polvilhe com a canela. Ponha a fruta numa assadeira forrada com papel-manteiga untado. Asse por 5 minutos ou até dourar. Reserve até esfriar.
4. Ponha o arroz-doce em um copo de vidro. Polvilhe com a avelã tostada e decore com a pera. Sirva em temperatura ambiente.

DICA
- Se preferir, use nozes no lugar das avelãs Basta retirar a casca e tostar no forno a 180 °C por 10 minutos.

Cozinhando em família

Prepare uma sobremesa
Diferente

▶ RENDIMENTO 6 UNIDADES   TEMPO DE PREPARO 35 MINUTOS ◀

Friands de framboesa e amêndoas

> Esta receita é um arraso de gostosa! A massa derrete na boca e sua doçura contrasta com o azedinho das framboesas. Depois da sessão de fotos, o que o Lucca deixou sobrar sumiu em um minuto!

1 xícara de farinha de amêndoas
½ xícara de farinha de arroz
1 ½ xícara de açúcar de confeiteiro
raspas de 1 limão-siciliano
¾ de xícara de manteiga derretida
5 claras de ovos caipiras e orgânicos
¼ de xícara de framboesas
açúcar de confeiteiro para polvilhar

1. Preaqueça o forno a 180 °C. Unte uma assadeira para muffins com manteiga.
2. Ponha a farinha de amêndoas em uma tigela. Acrescente a farinha de arroz, o açúcar, as raspas de limão, a manteiga e as claras ligeiramente batidas.
3. Misture muito bem até virar uma massa homogênea. Preencha com ela ¾ da assadeira e coloque no meio duas framboesas (empurre-as na massa para que fiquem ligeiramente dentro do muffin).
4. Asse por 25 minutos ou até que, ao espetar um palito nos bolinhos, ele saia limpo. Ao esfriar, polvilhe com o açúcar. Sirva com sorbet ou creme de amêndoas (p. 174).

DICA
- Para fazer bonito como sobremesa, sirva acompanhado do sorbet de coco (p. 88).

Ocasiões especiais

151

▸ Rendimento 8 porções   Tempo de preparo 25 minutos ◂

Verrine de chocolate com frutas vermelhas

Doce especial para curtir sem peso na consciência em momentos gostosos descontraídos. De sabor intenso e textura bem cremosa, é ideal para ser servido em um lanche entre amigas ou em um delicioso brunch.

1 xícara de granola (p. 35)

2 xícaras de creme de amêndoas (p. 174)

2 xícaras de creme de chocolate (p. 175)

1 xícara de calda de frutas vermelhas (p. 178)

Separe quatro taças de vinho médias (o ideal é que sejam taças de vidro transparente). No fundo de cada uma, ponha 1 colher (sopa) de granola. Por cima da granola, adicione 2 colheres (sopa) de creme de amêndoas. Por cima, disponha 2 colheres (sopa) de creme de chocolate. E, sobre o creme, 2 colheres (sopa) da calda de frutas vermelhas. Deixe na geladeira por 15 minutos antes de servir.

DICA

- Todos os ingredientes desta receita podem ser congelados por até 6 meses ou podem ser conservados na geladeira por até 3 dias.

▸ Rendimento 10 fatias   Tempo de preparo 6 horas ◂

Bolo inglês de frutas

{ Este bolo exige tempo e dedicação. É uma daquelas receitas antigas, feitas com calma e paciência. O cozimento lento ajuda a realçar os sabores e sua textura fica incrível. Sua festa de Natal merece um bolo assim! }

- 1 xícara de mirtilos desidratados
- ¾ de xícara de uvas-passas brancas sem sementes
- ¾ de xícara de farinha de amêndoas
- 1 xícara de flocos de aveia sem glúten
- 3 ovos caipiras e orgânicos
- raspas da casca de 1 limão
- raspas da casca de 1 laranja
- 1 maçã pequena, sem casca e sem sementes, ralada
- 1 xícara de ghee
- 1 colher (chá) de canela em pó
- 1 colher (chá) de cravo em pó
- uma pitada de noz-moscada em pó
- ½ xícara de amêndoas, sem casca, em pedaços
- ½ xícara de nozes, sem casca, em pedaços
- ¼ de xícara de laranja cristalizada
- 6 colheres (sopa) de cerveja escura
- 2 colheres (sopa) de conhaque (opcional)

1. Unte com manteiga uma fôrma redonda de 23 cm com furo no meio e reserve. Mantenha os mirtilos e as passas de molho em água quente suficiente para cobri-las por 30 minutos. Escorra e reserve.
2. Numa tigela grande, misture a farinha, a aveia, os ovos, as cascas do limão e da laranja e a maçã ralada. Adicione o ghee e todas as especiarias. Junte os mirtilos e as passas hidratadas, as amêndoas, as nozes, a laranja cristalizada e a cerveja. Misture bem até obter uma massa homogênea.
3. Transfira a massa para a fôrma untada. Cubra a fôrma com papel-manteiga. Por cima desse papel, ponha um pedaço grande de papel-alumínio, cobrindo e envolvendo totalmente a fôrma para vedá-la bem.
4. Aqueça uma panela funda, na qual caiba a fôrma, com água e 2 rodelas de limão. Ponha a fôrma dentro da panela. Cozinhe, em fogo médio e em banho-maria, por 5 horas.
5. À medida que a água for secando, reponha. Não encha muito a panela para não molhar a massa do bolo. Depois desse tempo, retire a forma da panela, desembrulhe-a com cuidado para não se queimar e faça o teste do palito. Se sair limpo, estará no ponto. Deixe esfriar. Na hora de servir, desenforme o bolo. Banhe-o com o conhaque e flambe. Sirva.

▸ Rendimento 12 fatias   Tempo de preparo 35 minutos ◂

Torta ganache

{ Tem sabor intenso. Quem gosta de chocolate vai adorar! Como é feita com cacau, é rica em antioxidantes. É uma torta pesada. Portanto, o ideal é comer um pedaço pequeno. }

massa

- 2½ xícaras de nozes, sem casca, cruas
- 4 colheres (sopa) de cacau em pó
- uma pitada de sal marinho
- 1 xícara de sementes de cacau (nibs de cacau)
- 4 tâmaras grandes, sem caroço, picadas
- 4 colheres (sopa) de mel
- 2 colher (sopa) de óleo de coco derretido

ganache de chocolate

- ²/₃ de xícara de castanha de caju crua
- 1 xícara de mel
- 1 xícara de agave
- ½ xícara de óleo de coco em temperatura ambiente
- 2 colheres (chá) de essência de baunilha
- ½ colher (chá) de shoyu sem glutamato monossódico
- 2 xícaras de cacau em pó

massa

1. No processador, triture as nozes, o cacau e o sal marinho. Acrescente as nibs e processe, mas deixe alguns pedaços. Ponha as tâmaras e triture bem. Junte o mel e o óleo de coco. Processe até que a massa fique consistente. Se ficar muito seca, ponha um pouco de água.
2. Unte uma fôrma média de torta de 28 cm de diâmetro com óleo de girassol e distribua a massa uniformemente no fundo e nas laterais. Deixe na geladeira por 1 hora antes de rechear.

ganache de chocolate

3. Deixe a castanha de molho na água por 4 horas. Escorra bem. Bata no liquidificador com os ingredientes restantes até ficar bem homogêneo. Preencha uniformemente a massa com a ganache. Leve à geladeira ou ao freezer para gelar e firmar antes de servir. Retire da geladeira 15 minutos antes de servir.

DICA

- Sirva com sorbet, creme gelado ou chantili.

Receitas básicas

Arroz negro 160
Arroz vermelho 161
Calda de caramelo salgado 176
Calda de chocolate 177
Calda de frutas vermelhas 178
Caldo de legumes 171
Creme de amêndoas 174
Creme de chocolate 175
Farinha sem glúten 172
Ketchup 169
Leite de amêndoas 179
Leite de coco fresco 180
Massa clássica para torta 173
Molho balsâmico 167
Molho de tomate 164
Molho pad thai 168
Molho pesto 166
Molho picante 165
Quinoa 162
Sour cream 170
Tofu (tempeh) marinado 163

→ Rendimento 4 porções | Tempo de preparo 30 minutos ←

Arroz negro

Este arroz faz muito sucesso lá em casa. Tanto que é com ele que faço a salada de que mais gostamos. Presença constante nas ocasiões mais especiais da minha família, tem sabor autêntico, é rico em polifenóis e vitaminas do complexo B. Portanto, é um ótimo aliado na prevenção de doenças crônicas degenerativas.

1 xícara de arroz negro cru
2 xícaras de caldo de legumes (p. 171)
½ colher (chá) de sal marinho

1. Deixe o arroz de molho por 24 horas. Troque a água pelo menos duas vezes durante este período. Escorra a água, enxágue e escorra bem o arroz em uma peneira. Leve ao fogo em uma panela média.
2. Adicione o caldo de legumes e deixe ferver com a panela tampada em fogo alto
3. Após ferver, tempere com o sal. Reduza o fogo e cozinhe, com a panela tampada por 25 minutos. Desligue e reserve.

DICA

• Na geladeira, dura 3 dias ou pode ser congelado, em pequenas porções, por 6 meses. Para descongelar, deixe na geladeira por 24 horas. Por que deixar o arroz de molho? Assim, ele rende mais, cozinha mais rápido e, mesmo não tendo valores significativos de fatores antinutricionais, elimina o mínimo de fitatos que possa ter.

Cozinhando em família

> Rendimento 4 porções   Tempo de preparo 25 minutos

Arroz vermelho

Uma de suas propriedades mais interessantes é presença da monocolina (estatina natural), que pode auxiliar na diminuição dos índices de colesterol LDL no sangue e ajudar na prevenção de derrames cerebrais e infartos. Incluído regularmente na dieta, também promove a melhora das funções intestinais e digestivas, evitando, entre muitos males, o inchaço. Possui duas vezes mais zinco e cinco vezes mais ferro do que o arroz branco tradicional.

1 xícara de arroz vermelho cru
2 xícaras de caldo de legumes (p. 171)
½ colher (chá) de sal marinho

1. Deixe o arroz de molho por 24 horas. Troque a água pelo menos duas vezes durante esse período. Escorra a água, enxágue e escorra bem em uma peneira.
2. Transfira para uma panela média e adicione o caldo de legumes. Deixe ferver com a panela tampada em fogo alto. Junte o sal, reduza o fogo e cozinhe, em fogo médio, com a panela tampada por 20 minutos. Desligue e reserve até servir.

Receitas básicas

161

▸ RENDIMENTO 4 PORÇÕES TEMPO DE PREPARO 15 MINUTOS ◂

Quinoa

Cereal riquíssimo em proteínas de boa qualidade nutricional, tem baixo teor calórico e não contém glúten. Pode substituir o arroz em diversas preparações. É rica em fibras, vitaminas A, complexo B, E e C, além de minerais como potássio, ferro e magnésio.

1 xícara de quinoa crua
1 xícara de caldo de legumes (p. 171)
½ colher (chá) de sal marinho

1. Deixe a quinoa de molho por 8 horas. Troque a água pelo menos uma vez durante esse período. Escorra a água, enxágue a quinoa e escorra bem em uma peneira.
2. Ponha em uma panela e adicione o caldo de legumes. Deixe ferver com a panela tampada em fogo alto. Depois de ferver, tempere com o sal, mexa e abaixe o fogo. Cozinhe com a panela tampada por 5 minutos. Desligue e reserve.

DICA

• Por que deixar a quinoa de molho? Porque rende mais, cozinha mais rápido e, mesmo não tendo valores significativos de fatores antinutricionais, deixar de molho elimina o mínimo de fitatos que possa ter. Na geladeira, dura 3 dias em recipiente com tampa. Pode ser congelada em pequenas porções por até 6 meses. Para descongelar, deixe na geladeira 24 horas antes de usar.

› Rendimento 4 a 6 porções | Tempo de preparo 30 minutos ‹

Tofu (tempeh) marinado

{ Este marinado agrega sabor ao tofu, que é mais neutro. Pode ser usado como base para diversas receitas. }

- ¼ de xícara de shoyu sem glutamato monossódico
- 2 dentes de alho, sem casca e sem o germe
- 4 fatias de gengibre fresco
- 1 unidade de tofu firme orgânico ou tempeh

1. Ponha todos os ingredientes em uma panela. Quando a água começar a ferver, reduza o fogo.
2. Cubra a panela e cozinhe por 15 minutos para pegar sabor. Depois desse tempo, retire do fogo. Seque o tofu com papel-toalha e reserve para usar em suas receitas.

Receitas básicas

▸ Rendimento 4 porções   Tempo de preparo 10 minutos ◂

Molho de tomate

Este molho é um curinga da cozinha. Vale a pena manter sempre na geladeira e freezer pois serve de base para diversas recitas. É a melhor maneira de aproveitar o licopeno do tomate, um potente antioxidante que auxilia na prevenção do câncer de próstata.

- 3 tomates médios maduros
- ¼ de xícara de tomate seco
- 1 colher (chá) de sal marinho
- ¼ de xícara de azeite extra virgem
- ¼ de xícara de cebola picada
- 1 dente de alho grande, sem casca e sem o germe
- ½ xícara de folhas de manjericão
- 2 colheres (sopa) de orégano fresco
- 1 colher (chá) de pimenta-do-reino em pó
- 1 colher (sopa) de suco de limão coado

Bata todos os ingredientes no liquidificador até ficar uma mistura homogênea. Guarde na geladeira em um recipiente de vidro por até 5 dias.

DICA

* O molho pode ser usado em massas, lasanhas e pizzas, entre outras preparações. Se quiser dar um toque especial, adicione alecrim, sálvia, anis-estrelado e tomate em cubos. Basta bater ligeiramente para manter a textura. Para usar o molho em massas, recomendo retirar o suco de limão para não deixá-lo muito ácido.

▸ Rendimento 8 a 10 porções   Tempo de preparo 10 minutos ◂

Molho picante

{ Este molho é ideal para quem gosta de pratos picantes, mas sem exageros. Se quiser que fique mais forte, acrescente uma pimenta malagueta: vai pegar fogo! }

¼ de xícara de azeite extra virgem
¼ de xícara de cebola branca picada
1 dente de alho, sem casca e sem o germe
2 colheres (chá) de sal marinho
1 ½ colher (chá) de páprica doce
1 colher (chá) de páprica defumada
¼ de colher (chá) de pimenta-de-caiena

Bata todos os ingredientes no processador até ficar homogêneo. Reserve num recipiente de vidro com tampa, na geladeira, por até 5 dias.

DICA
- Use em sanduíches, wraps, faláfel e até como molho de salada.

Receitas básicas

165

> Rendimento 2 xícaras | Tempo de preparo 15 minutos

Molho pesto

Em casa, gostamos muito de molho pesto. Ele é versátil, prático e nos lembra a Itália, um país de que gostamos muito – especialmente minha filha, Sophia. Ela ama macarrão ao pesto e, se pudesse, comeria todos os dias. Quando falo que terá massa ao pesto ela pula de alegria. Quando sirvo, ela limpa o prato e quer repetir a refeição várias vezes.

2 dentes de alho, médios, sem casca e sem o germe
1 xícara de nozes sem casca
4 xícaras de folhas de manjericão
½ colher (sopa) de missô
½ colher (chá) de sal marinho
1 xícara de azeite extra virgem

1. Triture no processador o alho e as nozes por alguns segundos até quebrar as nozes em pedaços pequenos. Junte o manjericão, o sal e o missô. Bata por uns 10 segundos até misturar tudo muito bem.

2. Com o processador em funcionamento, adicione o azeite e bata por mais uns 10 segundos até incorporar tudo. Sirva em temperatura ambiente com massas, legumes, pães ou torradas.

DICA
- Na geladeira, dura 3 dias e no freezer até 6 meses. Para descongelar, deixe na geladeira por 24 horas.

• Rendimento 1½ xícara Tempo de preparo 10 minutos •

Molho balsâmico

{ É o molho da minha salada preferida, a salada de arroz negro (pág. 135), que faz toda a diferença no prato. Tem o equilíbrio perfeito de sabores entre o azedo, doce, salgado, ácido e amargo. }

¼ de xícara de mel
1 colher (sopa) de mostarda
¼ de xícara de vinagre balsâmico
½ colher (chá) de sal marinho
1 xícara de azeite extra virgem
2 colheres (chá) de suco de limão

Coloque todos os ingredientes em uma vasilha. Misture bem até incorporar tudo e ficar um molho cremoso, homogêneo e aveludado. Sirva com a salada.

DICA
• Para uma versão vegana, use melado ou xarope de agave em vez do mel.

Receitas básicas

> Rendimento ¼ de xícaras   Tempo de preparo 5 minutos

Molho pad thai

{ Este molho é muito usado em diversas receitas tailandesas feitas com arroz, nodles e macarrão. }

4 colheres (sopa) de pasta de tamarindo
3 colheres (chá) de açúcar mascavo
2 colheres (sopa) de suco de limão
2 colheres (sopa) de shoyu sem glutamato monossódico
¼ de colher (chá) de sal marinho
uma pitada de pimenta-do-reino moída na hora

Coloque todos os ingredientes em uma vasilha e misture bem, até ficar bem homogêneo.

DICA

- Se não encontrar a pasta de tamarindo, substitua por uma mistura de vinagre de maçã e água em proporções iguais.

▸ Rendimento 10 porções   Tempo de preparo 10 minutos ◂

Ketchup

{ Fica ótimo nos sanduíches e com a mandioca ao forno (p. 112). É sempre bom ter um pouco fresquinho na geladeira. }

1 xícara de tomate fresco, sem sementes, cortado em cubos
1 xícara de tomate seco picado
¼ de xícara de cebola picada
¼ de xícara de suco de limão coado
¼ de xícara de vinagre de maçã
1 colher (sopa) de alho, sem casca e sem o germe, picado
1 colher (sopa) de gengibre ralado
1 colher (sopa) de shoyu sem glutamato monossódico
10 folhas grandes de manjericão fresco picado
2 tâmaras sem caroço picadas

Bata todos os ingredientes no liquidificador até obter uma consistência homogênea. Guarde em um recipiente de vidro com tampa na geladeira por até 5 dias.

Receitas básicas

> Rendimento 14 porções Tempo de preparo 20 minutos

Sour cream

A primeira vez que tive contato com um sour cream vegano foi em Nova York, quando fazia meu curso de culinária. Amei! É uma preparação extremamente versátil e pode ser servida em sanduíches, entradas, saladas ou até como complemento de pratos picantes.

- 1 xícara de castanhas de caju cruas
- 4 colheres (sopa) de amêndoas cruas, sem casca e sem pele
- ¼ de xícara (de suco de limão
- 1 colher (chá) de sal marinho
- 1 colher (chá) de missô
- ⅓ de xícara de água mineral
- 1 colher (sopa) de gersal

Bata todos os ingredientes no liquidificador até ficar homogêneo. Leve à geladeira em recipiente com tampa e guarde por até 5 dias.

DICA
- Sirva com pizza, pão e sanduíches. Esta é a receita básica. Se desejar, acrescente seus temperos preferidos.

▸ Rendimento 4 xícaras ┊ Tempo de preparo 2h30 ◂

Caldo de legumes

{ Um bom caldo de legumes faz toda a diferença em um risoto, no cozimento de grãos ou no de leguminosas. Acrescenta sabor, cor e aroma aos pratos. Tenha sempre em sua geladeira ou freezer. }

- 6 cenouras grandes, sem casca, cortadas em pedaços grandes
- 4 cebolas médias, sem pele, cortadas em quatro
- 4 talos de cebolinha
- 6 talos de salsão cortados ao meio
- 2 colheres (sopa) de azeite extra virgem
- 4 xícaras de água
- 3 cravos
- 1 folha de louro
- 1 ramo de tomilho

1. Em uma panela média, em fogo médio, refogue a cenoura, a cebola, a cebolinha e o salsão no azeite. Mantenha no fogo até a cebola ficar transparente e ligeiramente dourada.
2. Adicione a água, o cravo e as ervas. Deixe ferver. Retire qualquer resíduo que suba à superfície. Reduza o fogo e cozinhe por, aproximadamente, 2 horas com a panela tampada.
3. Retire do fogo e coe num coador fino. Esprema os vegetais para retirar o máximo de caldo. Se não utilizar todo o caldo, resfrie em uma bacia com gelo e coloque na geladeira para congelar depois.

DICA
• Pode ser congelado por até 6 meses ou pode ser armazenado na geladeira por 5 dias. Para descongelar, deixe na geladeira de um dia para o outro.

Receitas básicas

171

▸ Rendimento 4 xícaras ▸ Tempo de preparo 10 minutos ◂

Farinha sem glúten

{ Pode ser usado em receitas de wraps e tortas. É uma farinha rica em proteínas e boa para receitas que precisam de elasticidade. }

- 1 xícara de farinha de arroz
- 1 xícara de farinha de arroz integral
- 1 xícara de polvilho azedo
- ½ xícara de farinha de feijão-branco
- ½ xícara de fécula de batata
- ¼ de xícara de farinha de grão-de-bico

Passe todas as farinhas pela peneira. Misture as farinhas peneiradas em uma tigela. Guarde num pote de vidro bem fechado dentro da geladeira. Retire da geladeira 2 horas antes de usar.

Rendimento 1 torta   **Tempo de preparo** 1 hora

Massa clássica para torta

{ A partir do mix de farinhas da página ao lado, desenvolvi esta base para tortas e quiches. Escolha o recheio de sua preferência e mão na massa! }

1 xícara de farinha sem glúten (p. 172)
2 colheres (sopa) de farinha de arroz
½ colher (chá) de goma xantana
¼ de colher (chá) de sal marinho
6 colheres (sopa) de óleo de coco frio
1 ovo caipira e orgânico
1 colher (sopa) de vinagre de maçã

1. Em uma tigela, misture a farinha sem glúten, a farinha de arroz, a goma xantana e o sal. Acrescente o óleo de coco e misture com a ponta dos dedos até obter uma farofa grossa. Abra uma cova no meio dessa mistura e acrescente o ovo e o vinagre. Misture até obter uma massa lisa. Modele uma bola, cubra com filme de PVC e leve à geladeira por 30 minutos antes de usar.

2. Abra a massa e disponha sobre uma forma de fundo removível. Cubra com papel-manteiga e coloque grãos secos sobre a massa para fazer peso e evitar que estufe. Leve ao forno preaquecido a 180 °C por 12 minutos. Retire o papel e os grãos e asse por mais 10 minutos. Deixe esfriar completamente antes de rechear.

DICA

- Se quiser assar a massa e o recheio juntos, deixe na parte de baixo do forno preaquecido a 210 °C por 12 minutos. Depois, reduza a temperatura para 180 °C, coloque a fôrma no meio do forno e asse por mais 30 minutos.

> Rendimento 8 porções   Tempo de preparo 30 minutos

Creme de amêndoas

{ Rico em proteína, é saudável, mas tem alto teor de calorias. }

- 3 colheres (sopa) de ágar em pó
- 1 ½ xícara + 2 colheres (sopa) de água
- ¾ de xícara de agave
- 2 xícaras de leite de amêndoas (p. 179)
- uma pitada de sal marinho
- 1 colher (chá) de essência de baunilha
- ½ colher (chá) de essência de amêndoa
- 2 colheres (sopa) de amido de milho
- raspas de limão ou laranja (opcional)

1. Em uma panela pequena misture o ágar com 1 ½ xícara de água e o agave. Deixe descansar por 10 minutos.
2. Ponha a panela no fogo alto e deixe ferver. Reduza o fogo e cozinhe por 15 minutos com a panela semitampada para dissolver bem o ágar. Acrescente o leite de amêndoas, o sal e as duas essências. Deixe ferver em fogo baixo, misturando frequentemente.
3. Dilua o amido na água restante e adicione à panela. Aumente o fogo e misture vigorosamente até ferver novamente. Cozinhe por alguns minutos até engrossar.
4. Coloque em um recipiente e deixe esfriar no refrigerador. Após esfriar, bata no processador até ficar cremoso e homogêneo. Acrescente as raspas e reserve para usar em receitas como a verrine (p. 152).

› Rendimento 8 porções   Tempo de preparo 20 minutos ‹

Creme de chocolate

{ Este creme foi pensado para a verrine (p. 153), mas pode ser servido com frutas frescas e granola ou como recheio de tortas. }

- 2 abacates, sem a casca e sem o caroço
- 6 tâmaras sem caroço
- 1 colher (sopa) de essência de baunilha
- ¼ de colher (chá) de sal marinho
- 2 colheres (sopa) de manteiga de cacau em temperatura ambiente
- ½ xícara de água

Bata no processador os ingredientes sem a água até ficar cremoso. Adicione a água aos poucos até chegar na consistência desejada. Deixe na geladeira por 30 minutos antes de servir.

Receitas básicas

▸ Rendimento 12 porções Tempo de preparo 20 minutos ◂

Calda de caramelo salgado

Para quem gosta de coisa doces, esta é a calda. Fica ótima com o bolo de tâmaras (p. 68), o de cenoura (p. 120) ou o de amêndoas (p. 48).

½ xícara de manteiga
½ xícara de açúcar mascavo
2 colheres (sopa) de rum
⅓ de xícara de creme de leite de arroz
uma pitada de sal marinho grosso

1 Em uma panela, ponha a manteiga e o açúcar. Deixe ferver por 1 minuto ou até o açúcar se dissolver. Acrescente o rum à calda.

2 Incline a panela em direção a chama do fogão para flambar a calda (isso vai intensificar o seu sabor).

3 Adicione o creme de leite e misture bem. Deixe ferver e borbulhar por 40 segundos. Desligue e reserve.

4 Distribua sobre o bolo desenformado. Polvilhe com o sal e sirva.

▸ Rendimento 12 porções   Tempo de preparo 20 minutos ◂

Calda de chocolate

{ É a calda preferida da Sophia; se ela pudesse, despejaria sobre todos os doces que come. Sempre tenho na geladeira. }

²/₃ de xícara de água
½ xícara de açúcar demerara
½ xícara de manteiga sem sal
2 xícaras de chocolate amargo

1. Em uma panela, misture a água, o açúcar e a manteiga. Leve ao fogo baixo e deixe ferver, mexendo sempre até o açúcar se dissolver.
2. Quando ferver, desligue o fogo e acrescente o chocolate em pedaços. Mexa a panela, segurando-a pelos cabos, mas não mexa com colher ou espátula. Assim, o chocolate derrete e fica cremoso.

DICA
- Para uma versão vegana, substitua a manteiga por óleo de coco. Deixe esfriar antes de cobrir e rechear bolos ou servir com sorvetes.

Receitas básicas

177

▸ Rendimento 12 porções ▪ Tempo de preparo 20 minutos ◂

Calda de frutas vermelhas

Esta é a calda preferida da minha irmã, Isadora. Fica com sabor intenso, a cor é linda e dá vontade de comer só de olhar.

½ xícara de amoras congeladas
½ xícara de framboesas congeladas
½ xícara de mirtilos congelados
2 xícaras + 2 colheres (sopa) de água
uma pitada de sal marinho
½ xícara de frutose em pó
1 colher (sopa) de amido de milho
½ xícara de cereja fresca, sem caroço, cortada ao meio
¼ de xícara de morango fresco, limpo e cortado ao meio

1. Em uma panela funda, coloque as frutas congeladas com 2 xícaras de água e o sal. Deixe ferver. Depois de ferver, reduza o fogo e ponha a frutose. Cozinhe até as frutas amolecerem (cerca de 10 minutos).

2. Dilua o amido na água reservada e adicione à panela. Aumente o fogo e espere ferver, mexendo sempre por 3 minutos ou até engrossar um pouco. Passe uma colher na calda. Estará no ponto se a colher ficar com uma textura aveludada, quando for encoberta pela calda. Se estiver pronta, desligue o fogo e ponha as frutas frescas picadas. Reserve. Assim que esfriar um pouco, leve ao refrigerador antes de servir.

› Rendimento 4 porções   Tempo de preparo 15 minutos ‹

Leite de amêndoas

{ Feito em casa, fica fresquinho e é muito mais gostoso e consistente. Embora seja uma gordura de boa qualidade nutricional, deve ser consumido com moderação! }

- 1 xícara de amêndoa sem casca e sem pele
- 2 xícaras de água
- ¼ de colher (chá) essência de baunilha
- ½ colher (chá) de óleo de coco

1. Deixe as amêndoas de molho na água por 24 horas. Preaqueça o forno a 180 °C. Escorra e leve as amêndoas ao forno por até 10 minutos ou até secarem.
2. Transfira para o liquidificador e bata com metade da água até ficar bem homogêneo e cremoso. Adicione o restante da água e bata mais um pouco.
3. Coe em um coador de pano fino para extrair o líquido do resíduo das amêndoas. Esprema bem. Adicione a essência de baunilha e o óleo de coco ao líquido obtido e volte ao liquidificador para bater mais. Use em suas receitas.

DICA

- Esta é a base do leite. Se você quiser, pode personalizá-lo, adicionando mel, melado, agave, canela, cacau, café, frutas etc.

Receitas básicas

► Rendimento 4 porções   Tempo de preparo 15 minutos ◄

Leite de coco fresco

Para fazer este leite, use tanto o coco ralado fresco quanto a polpa do coco verde. O resultado é um leite espesso, cheio de nutrientes, que você pode bater com cacau ou canela em pó e servir no café da manhã.

- 2 xícaras de coco fresco ralado
- 2 xícaras de água

Bata tudo no liquidificador até ficar bem homogêneo. Passe a mistura por uma peneira, fazendo pressão com as costas de uma concha para extrair todo o líquido. Esse é o leite de coco virgem, da primeira extração.

DICA

- O coco fresco pode ser comprado já ralado em feiras livres e supermercados. Evite usar a versão ralada e seca, pois não terá o mesmo sabor e consistência. Reserve o bagaço obtido na geladeira para fazer uma deliciosa cocada e use o leite de coco em diversas receitas. Sob refrigeração, esse bagaço dura até 3 dias na geladeira e 6 meses no freezer.

Cozinhando em família

Agradecimentos

Agradeço primeiramente a Deus pela vida que me concedeu. Pelos meus pais, minha irmã, meu marido, meus filhos, enfim, por todos os meus familiares. Pelas oportunidades de estudo, pelo trabalho, pelas decisões tomadas, pelo caminho percorrido até aqui.

Agradeço aos meus familiares, minhas cobaias, que sempre estiveram ao meu lado desde o início da minha jornada culinária, me apoiando, motivando e sustentando em todos os momentos.

Agradeço à minha equipe por todos os dias e as horas (e foram muitas horas) em que estivemos juntos para fazer este projeto – este filho – nascer e se materializar.

Agradeço à Editora Alaúde, especialmente a Ibraíma Dafonte Tavares e a Bia Nunes de Sousa, pela oportunidade e por acreditar no meu trabalho. E ao Rodrigo Frazão pelo lindo projeto gráfico.

Em especial, agradeço ao meu pai, Milton, e ao meu marido, Wueislly, que me incentivaram e me apoiaram durante meus estudos e acreditaram no meu sonho e no meu potencial; aos meus filhos, Sophia e Lucca, por servirem de inspiração e motivação para ser cada vez melhor no que faço; à minha irmã, Isadora, que conduziu as sessões de fotos com maestria e é minha fiel escudeira e amiga; à minha querida mãe, Ruth, meu braço direito, meu braço forte. Mãe, não tenho palavras para agradecer sua dedicação, sua lealdade e seu carinho.

A vocês, minha gratidão e meu amor eterno.

Índice

ARROZ E OUTROS CEREAIS
Arroz negro 160
Arroz negro com lentilha rosa 56
Arroz Thai 143
Arroz tricolor 59
Arroz vermelho 161
Farinha sem glúten 172
Granola funcional 35
Massa básica para torta 173
Mingau assado de aveia e frutas secas 39
Muesli 36
Quinoa 162
Risoto de alcachofra, cogumelos e alho-poró 86
Risoto de tomate-cereja manjericão e queijo pecorino 147

FEIJÕES, GRÃO-DE-BICO E LENTILHAS
Bolinho de lentilha assado 63
Falafel 64
Homus com tahine 67
Lentilha com maçã, banana e especiarias 119

BEBIDAS
Iogurte de frutas vermelhas 32
Leite de amêndoas 179
Leite de coco fresco 180
Potente mix de berries 28
Suco detox 24
Vitamina de macadâmia e frutas 27
Vitamina poderosa de cacau 31

BOLOS, BISCOITOS E TORTAS DOCES
Bolo de aipim com coco 123
Bolo de amêndoas 48
Bolo de cenoura 120
Bolo de mandioca com goiabada e coco 51
Bolo de tâmara 68
Bolo inglês de frutas 155
Brownie com cranberries e nozes 71
Cookies com manteiga de amêndoas e cranberries 40
Cookies de amêndoas e geleia de frutas vermelhas 43
Cupcake de chocolate com especiarias 104
Friands de framboesa e amêndoas 151
Muffin de mirtilo 44

Torta de maçã, mirtilo e tâmaras 127
Torta de nozes e cranberries 90
Torta ganache 156

CALDAS E CREMES
Calda de caramelo salgado 176
Calda de chocolate 177
Calda de frutas vermelhas 178
Creme de amêndoas 174
Creme de chocolate 175

CALDOS E SOPAS
Caldo de cogumelos e algas 74
Caldo de legumes 171
Sopa de pepino e dill 77
Sopa marroquina de gengibre e tomate 139

DOCES
Arroz negro doce com leite de coco 148
Cuscuz de tapioca 47
Sorbet de coco com calda de chocolate 89
Sorbet de tahine 124
Verrine de chocolate com frutas vermelhas 152

LANCHES E PETISCOS
Hambúrguer de grão de bico e legumes 100
Mandioca ao forno 112
Sanduiche aberto de tempeh 102
Sanduiche de patê de ervas com alho e cenoura ralada 96
Sanduíche de portobelo ao pesto 95
Taco de pasta de nozes, guacamole e sour cream 98
Tempeh empanado 116
Tofu (tempeh) marinado 163
Tofu com especiarias 82

LEGUMES
Cuscuz de fundo de alcachofra e banana 115
Omelete de tomate, espinafre e cebola roxa 60
Radicchio com purê de beterraba e queijo de coalho grelhado 131
Torta de cebola caramelada 140

MASSAS
Fusilli tricolor de quinoa com legumes marinados 144
Penne ao molho de tahine 85

MOLHOS
Ketchup 169
Molho balsâmico 167
Molho de tomate 164
Molho pad thai 168
Molho pesto 166
Molho picante 165
Sour cream 170

SALADAS
Salada asiática com noodles 55
Salada de arroz negro ao molho balsâmico 135
Salada de cogumelos, algas e talharim de arroz 78
Salada de mamão verde 136
Salada de penne tricolor de quinoa com pesto 111
Salada mediterrânea 108
Salada oriental com lentilha rosa e fusilli de arroz 81
Salada picante de manga verde, tempeh e cogumelos 132

Compartilhe a sua opinião sobre este livro usando a hashtag **#CozinhandoEmFamília** nas nossas redes sociais:

 /EditoraAlaude
 /EditoraAlaude
 /AlaudeEditora